JN017833

なぜあの人は好きなことだけやって年収1000万円なのか?

異端の経営学者と学ぶ「そこそこ起業」

はじめに

流しの大工だった父親が教えてくれた、あえて会社を持たない生き方

企業家になるのって幸せですか?

はじめまして。東京都立大学で経営学の准教授をしている高橋勅徳(みさのり)と申します。私が企業家研究を専門とする研究者を名乗り、大学の授業でベンチャービジネス論と題する講義を続けて、今年で22年目になります。

企業家研究(entrepreneurship research)のトップジャーナル(学術誌)である「Journal of Business Venturing」が、米国で創刊されたのは1989年のことです。学術誌の創刊はある現象に関心のある学者が一定数に達したことを意味しますので、

1989年が「企業家研究」という専門的な研究ジャンルが成立した年であると言えます。

日本ではそこから8年後の1997年に、日本ベンチャー学会が設立されました。企業家研究は世界的には35年、日本国内だと27年と、非常に「若い」研究領域であると言えます。私が「企業家研究を専門とする経営学者になるんだ!」と修士論文を書いて、学会デビューしたのが1999年になりますので、私は日本の企業家研究の第一世代の一人と言ってしまっても良いかもしれません。

企業家研究という研究領域が始まった1989年の米国と1997年の日本は、共にITバブル前夜でした。後発の研究領域であるメリットを最大限に活かして社会科学の様々な理論を吸収しながら、目の前で展開されるITバブルという豊かな社会現象をいろいろな角度から分析していくなかで、企業家研究は驚異的なスピードで理論体系が構築されました。

今では国内外の主要な学会で、ベンチャー企業や企業家を対象とした研究報告が行われ、学会誌に査読付き論文が掲載されるのが普通のことになりました。大学生たちの行動パターンも随分変わり、最近は私の授業が終わった後に事業計画を携えて起業の相談に来る学生が増え、その中の何人かは実際に起業しています。

私はこれまで、海外の先端的な論文を読み漁り、ＩＴからバイオ、近年は流行りのソーシャルビジネスまで調査を行い、分析結果を論文として学会誌に投稿し、数年に一度は成果を取りまとめて学術書を発表してきました。もちろん、この研究成果は学部やビジネススクールの講義に反映され、後進の研究者育成と最終的には学生たちの起業へも繋がっていきます。我ながらなかなか、理想的な研究サイクルを続けてきたと思います。

気がつけば、経営学の世界でも若手・中堅を通り過ぎ、そろそろベテランとみなされる年齢と研究歴になりました。企業家研究に取り組む後輩たち、そして企業家として活躍するゼミＯＢの姿を見ていると、微力であっても理論と社会の発展に貢献できたかなと、人のいないところで胸を張ったりしていたのですが……この数年、自分が取り組んできたことに「はて？」と考え込む時間が増えてきました。

私はこれまで、ベンチャー企業やソーシャルビジネスの創業者（founder）の方々の「語り」から、先行研究の議論に基づいて「理論的に意義のある（貢献できる）」

内容を発見してきました。

その発見を論文に仕上げていく中で、創業者は「企業家」という学術用語に変換されます。このように事業（ビジネス）の担い手でしかない起業家（founder）を、経済と社会を変える英雄たる企業家（entrepreneur）に変換して、その活動を第三者にも再現可能な形で提示しつつ、その存在を正当化していくことが、（私が20年余続けてきた）企業家研究の研究者に求められる社会的な役割です。

ところが、この「起業家」から「企業家」への変換の過程で、論文にするため「理論的には不要」と削ぎ落としてきたインタビュー・データのなかに、「現象」として認知しつつも、私が（ひょっとすると企業家研究に携わる、多くの研究者の方々も）ずっと論文に書いてこなかったことがあるのです。

例えば革新的な製品やサービス、ビジネスモデルの提供といった、多くの学生が憧れるような派手な話題の陰に隠された、創業初期の資金繰りをめぐる困難や、会社が大きくなっていく中でいろいろなステークホルダーとの調整に翻弄され、起業した頃の情熱や夢を忘れていく姿です。

私が出会った企業家の中には、サラ金からお金を借りて、そのお金で借金を返していくという自転車操業を乗り越えた方が何人もいました。

何とか会社が軌道にのり、黒字化しても、お金にまつわる苦労は終わりません。行政からの補助金獲得のための資料作りに、出資を求めてのVC（ベンチャーキャピタル）行脚。それが上手くいって資金を獲得しても、一息つく暇はありません。

事業が大きくなるほどに、最初は強力な提携相手だったはずの行政組織やVCが、出資者の立場からいろいろ横槍を入れてきて、最悪の場合はせっかく作った会社を乗っ取られたりします。

そうこうしているうちに、起業したての頃、キラキラした夢や希望を語っていた企業家の方が、会社の成長と反比例するように、引きつった表情に変わっていくのを何度も見てきました。

だからこそ、夢と希望に満ちた事業計画を語る学生の相談に乗った後に、考え込んでしまう時間が増えていったのです。

そもそも、企業家になることって、幸せに人生を送る方法なのでしょうか？

「会社にすると苦労が多いし、面白くないんじゃ」

そんなことを考えている時に、思い出したのが父親のことでした。

私の父親は、大工道具一式を抱えて、どこからか仕事をもらってきては家を建てる流しの大工でした。大工は家を建てるための木材加工技術に長けているだけでなく、土木屋さん、左官屋さん、塗装屋さん、電気屋さんなど住宅建設に関わる様々な職人さんや技術者を取りまとめる、建築現場管理のプロフェッショナルでもあります。この現場管理の能力を持つ大工さんのことを「棟梁」と呼びます。私の父親も現場では、皆から「棟梁！」と呼ばれていました。

棟梁たり得る才覚のある大工は、会社を立ち上げて従業員を雇い、たくさん仕事が受けられる状態を作るものです。私の父親も職人仲間からは、「会社作れば？」とよく言われていました。

実際、腕も確かだったようで、ほとんど途切れることなく、仕事が舞い込んでいました。それこそ、会社を立ち上げて弟子を従業員として雇っていけば、もっと稼げたはずなのに、父親はその道を選びませんでした。

「会社にすると苦労が多いし、面白くないんじゃ」

私が中学生になった頃、父親はそう言いました。当時はその真意がわからなかったのですが、今となっては私に伝えたかったことがよくわかります。

私の父親は、家を建てるという仕事が大好きでした。でも、大工としては建てて面白い家と、面白くない家がどうしても出てきます。会社を作って従業員を抱えると、彼らを食わせるためには仕事を選ぶことはできなくなりますし、受注数が増えるほどに管理や営業の仕事が増えて、大工として現場に立てなくなる。だったら、会社なんか持たずに、マイペースに自分のやりたい仕事を選べる状況を維持する方がいい。

また父親は、釣りが大好きでした。天気が良い日曜日は自主的に仕事を休みにして、私を連れて釣りに行っていました。会社として従業員を抱えると、彼らの給与を維持するために馬車馬のように働かねばなりません。それで子供と大好きな釣りができなくなるくらいなら、会社なんか作らない方が良いと考えていたのでしょう。職人として仕事を選べる腕があったからこそ、仕事も私生活もともに楽しむために、「あえて会社を作らない」道を選んでいたのです。

癌を患(わずら)いながらも現場で倒れて救急搬送されるまで自分が「面白い」、「建てたい」と思える家を選んで建て続け、私の大学卒業を見届けた数日後に、「桜が咲いて暖かくなったら故郷の川に釣りに行こう」と話しながら、父親は息を引き取りました。経営者としては失格かもしれませんし、その考えに付き合わされた母親は、いらぬ苦労もたくさんしたと思います。とはいえ今となっては、一人の男として見事な一生だったと思います。

亡父の没年齢に近づくにつれ、「会社にすると苦労が多いし、面白くないんじゃ」という言葉を思い出すことが多くなりました。

ＩＴにバイオ、製薬といったハイテク系ベンチャーの企業家は、確かに上手くいけば巨万の富と高い社会的評価を得ることが可能です。

ところが、今の学生たちが「イケてる」と目指すキラキラ系の企業家になるためには、一般的な会社勤めでは想像できないくらいのハードワークが要求されますし、失敗したら一生かけても返せないような借金と、自分だけでなく他人（従業員や取引先）の人生をめちゃくちゃにしてしまうという、巨大なリスクを背負わなければなりません。

逆に、私の亡父のように、「人生を満喫する手段」として仕事を「そこそこ」に抑える生き方が、確かに存在します。私は物心ついた頃から現場に連れて行かれ、職人としてそういう生き方をしている人たちを、たくさん見てきたはずでした。

私はひょっとして、そういう生き方を「学術的に意味がないもの」として、切り捨ててきたのではないだろうか、と考えるようになりました。

「そこそこ」の起業を考えてみよう

父との記憶を探っているうちに、私は２０１５年頃から楽しく生きるためにスモールスケールで起業する、「そこそこ起業」が次に来ると公言するようになりました。当然のことながら、「そこそこ起業」なんて概念は、企業家研究には存在しません。しかし、私にとっては父親の生き様が、楽しく生きるための「リアル」です。

父の生き様を企業家研究として変換していくことで、好きなことを中心に自分と家族が生活できるくらいの稼ぎを、自分のペースで事業化して生きていくことも可能だという希望を、「そこそこ起業」という言葉に込めて伝えていくことができるのではないか、と考えるようになったのです。

実際、私に起業の相談に来る学生の大半が、「会社に勤めるのが嫌で、自由がほしい」から企業家を目指しています。そんな学生を「考えが甘い」とお説教して、実際には修羅の道であるキラキラ系企業家へと導くのではなく、「そこそこ起業」という言葉を発明することで、自分が楽しく生きる手段として起業する生き方を肯定していけるはずです。

同じタイミングで似たようなことを考える人はいるもので、2010年前後から海外の尖った企業家研究の研究者を中心に、ライフスタイル企業家（lifestyle entrepreneurship）という新概念が提示され、注目を集めるようになりました。

投資家やベンチャーキャピタル、取引先やお客様、更には行政組織の都合に振り回されてまで、億万長者を目指す企業家という生き方は、彼ら自身を不幸にしているだけなのではないか？

好きなことに専念したいから、会社に支配される生活を送りたくないから起業したんじゃないの？　それなのに、「成長」とか「進化」とかを盾に「いらないリスク」を周りから背負わされ、取引先である会社から「やりたくないこと」を強制されていないか？

だったら、自分が好きなことを基盤に、低資本・低投資で起業して、生活の持続可能性が担保できるところで意図的に企業規模の拡大も、売上高の成長も止めてしまう起業スタイル＝ライフスタイル企業家を目指すことが一番「幸せ」なのではないか？

ライフスタイル企業家という概念は、新自由主義が当たり前になった社会で当然のごとく受け入れられている、キラキラ系企業家像や、「イケてる」ビジネスパーソン像が実は人を不幸にしているのだという問題提起をした上で、会社に頼らず、振り回されず、搾取されない、解放された新しい生き方・働き方を模索する手がかりとして提示されました。

「このような生き方をする人は、ただの自営業者であり、企業家ではない！」

私が学会等で「そこそこ起業＝ライフスタイル企業家」をテーマとした研究報告をすると、そういうお叱りをいただくことが多々あります。諸先生方のそのお叱りはご尤もですが、そのように企業家を語る学者の理論が、この社会と人間を不幸にしていることとの反省から、ライフスタイル企業家という考え方が提示されました。

今、この社会のどこかに存在する、「好きなことを、自分のペースで楽しみながら生きていくために起業した人たち」を肯定していく。そのために、自営業者とみなされ、経営学の対象から（不当にも）外されてきた人たちを、新しい世界の担い手＝ライフスタイル企業家フィールドから発見して、その具体的な行動を「そこそこ起業」として解き明かしていくことを、残りが見えてきた研究生活の中心に据えることにしました。

「そこそこ起業」を多くの人に届けたい！

さて、そこそこ起業＝ライフスタイル企業家を研究テーマとするにあたり、私が最初に考えたことは、学会で報告し、論文を書き、学術書を出版し、その成果を教室で学生に還元していくこれまでの研究のやり方を変えなければならないな、ということでした。

例えば、学会で大御所の先生と「ライフスタイル企業家は企業家か否か？」みたいな、抽象的な論争を繰り広げても、社会的にはあまり意味がないでしょう（そのディスカッション自体は、学者としては楽しいものなのですが）。

そして、ライフスタイル企業家なんて概念が「ない」状態から、「あるかも？」と多くの人に思ってもらい、更にそこから「そこそこ起業」が自分にもできるかもと実行に移してもらうためには、同業の研究者にしか届かない学会・論文・学術書はメディアとして力不足です。


そのようなことを考えつつも、研究の世界しか知らない自分に悶々としていたところに、集英社の編集者の方から、「弊社のサイトでエッセイの連載をしてみませんか？」というオファーをいただきました。

そして実現したのが、「よみタイ」で２０２２年3月から約1年間連載した「そこそこ起業　異端の経営学者が教える競争せずに気楽に生きる方法」となります。

幸運なことに読者の皆様から「そこそこ」の好評をいただき、連載記事の改訂＋書き下ろしを加えた書籍として発売に至りました。

本書でこれから伝えていくのは、好きなことや、これまで培ってきた簡単なスキルをちょっと利用するだけで、投資をせずとも家族を養うのに十分な収入、例えば年収1000万円クラスの稼ぎを実現する「そこそこ起業」が、この世界にはたくさん「ある」という現実です。「成功の秘訣を伝授する」とうたうような情報商材に手を出す前に、本書を一読していただければと思います。

会社に就職し働くことに、漠然とした疑問や嫌悪感を抱いている、「生きづらい人」のためにも、この本は執筆されています。

近年の企業家研究は「自分が人生を楽しむ手段」として、ライフスタイル企業家を肯定しています。実際に、「そこそこ起業」という道を選んだことで、どこかの組織に所属して社会人をやっていくことの「生きづらさ」から解放され、自分の人生を取り戻した人もたくさんいます。

全ての人がこの道を歩むべきだ、なんて言う気はありません。ただ、人生の中で「そこそこ起業」という選択肢があることを知っているだけで、救われることもあると思います。

本書を通じて、10人に1人くらい「そこそこ起業」で生きることを選択する人が出てきて、そのような生き方を肯定することができるようになれば、何かと世知辛い現代日本も、少しは生きやすくなるのではないかと期待しています。

それこそ、私の父親のように生きられる人々が一人でも増えることを願っています。

2024年初春　父の命日にて

目次

第1章

音楽と共に生きる沖縄ミュージシャンのビジネス構造

沖縄に伝説のバンドがいる

「今年の1位は、ＢＥＧＩＮの『オジー自慢のオリオンビール』です！」

楽しくも長く苦しかった大学院生活を無事に終え、何とか沖縄大学で専任講師の仕事を得て、那覇に移住した2002年のクリスマスのことです。

年内の仕事も終わり、愛車（2000年式フィアット・パンダ）で買い物に走っていたときに聞き流していたローカルＦＭ番組で発表された、沖縄県の年間リクエスト数1位の曲が、「オジー自慢のオリオンビール」でした。

ちなみに、2002年のオリコンの売上ランキング1位は浜崎あゆみの「Ｈ」、2位が宇多田ヒカルの「traveling」でした。「オジー自慢のオリオンビール」は、2000年代の2大歌姫を抑えて、沖縄県内のリクエスト1位を獲得していたのです。

当時の私は、「えっ、ＢＥＧＩＮ？　まだやってたんだ」とビックリしました。私からすると、ＢＥＧＩＮというと「三宅裕司のいかすバンド天国」（以下、イカ天）で2代目グランドイカ天キングを獲得し、「恋しくて」がテレビＣＭのタイアップ曲となりヒットを飛ばしたあと、メジャーシーンからは消えたバンドという、今となっては大変失礼なイメージしかありませんでした。

明けて正月、高校時代から「イカ天」に触発されてバンド活動をはじめ、ハードロックからジャズ、クラシックまで何でもござれの音楽マニアの地元の友人にその話をすると、笑いながら一枚のＣＤを私に紹介してくれました。

「沖縄ロックのレジェンドや。１９７０年代には全国ツアーするくらいの人気で、今でも活動しているんやで」

バンドの名前は「紫」。おそらく、沖縄出身ミュージシャンとして、初めて全国ツアーを展開した生ける伝説です。メンバーを入れ替えつつ、王道的なストレートなロックを、今もなお追求するかっこよいオヤジたちのバンドです。

「すごいよな。こんなストレートなロックが、未だに生き残って、今でもこうやって活動できて、ＣＤも売れているのが沖縄なんや」

那覇の自宅に戻り友人に紹介された「紫」のＣＤを聞きながら、改めて沖縄のミュージシャンの活動を調べ直していると、いかに「音楽とともに生きていくのか」という点で、沖縄県外ではなかなか見られない独自の行動をしていることに気づかされました。

音楽＝稼ぐための立派な手段

沖縄は、非常に音楽や芸事に積極的な地域です。私が沖縄大学に勤めていた頃、学生が20人くらい集まれば、必ず何人かは三線（さんしん）を弾き沖縄民謡を歌えました。伝統舞踊のエイサーとカチャーシーは、ほぼ全員踊れます。夕方に住宅街を歩いていると、どこからか三線の音が聞こえてくるなんて当たり前でした。

また、沖縄は１９７２年まで米軍統治下にあり、コザ（現・沖縄市）や金武町（きんちょう）など米軍基地に近い町では米兵向けのクラブやライブハウスが経営されていて、そこでロックやソウル、ブルースを沖縄県民のバンドが演奏していました。その中から「紫」が誕生したわけですが、当時、ステージの演奏で稼げる金額が、高校教師の給料よりも高かったと言われています。

沖縄県民にとって音楽とは日常的に楽しむ趣味や娯楽であるのと同時に、稼ぐための立派な手段である、と言って良いかもしれません。そして、「稼ぐ」という点に注目すると、沖縄県で音楽が盛んになった、独自の仕組みも見えてきます。

まず沖縄県は、人口十万人あたりのライブハウス登録件数が全国1位（1・84軒）で、2位の東京都（1・56）を大きく引き離しています（2022年タウンページデータベース調べ）。この数字はあくまで業種を「ライブハウス」として登録しているものです。沖縄県では居酒屋やバーにライブスペースを設置しており、事実上ライブハウスを兼業している業態もあるため、「音楽が楽しめるお店」は、この数倍の規模があると予想されます（一説には、500軒あるとされています）。

このライブハウスの数の多さは、二つの意味があります。まず単純に、ライブハウスに足を運び、音楽を楽しむ人口が沖縄県で多いということです。インディーズバンドにとって、ライブハウスはパフォーマンスと自己実現の場であるとともに、バンド活動を継続していくにあたって大事な「稼ぎ」を得られる場でもあります。最初の頃は会場をおさえたり、機材を準備したりで持ち出しのほうが多いのは当たり前ですが、人気が出てファンが多くなればチケット収入や物販収入で「稼ぐ」ことができるようになる。沖縄県のライブ人口の多さは、単純に音楽活動を継続していくことのハードルを下げてくれます。

そしてもう一つ面白いのが、ミュージシャン自身がライブハウス経営を手掛けるケースが多いことです。先述の「紫」もかつては自前のライブハウスを保有していましたし、沖縄民謡のポップアレンジで有名な喜納昌吉（きなしょうきち）も那覇の国際通りでライブハウスを経営しています。人気ミュージシャンが常駐しているライブハウスであれば、ファンが常連客として通い安定した「稼ぎ」が得られます。当然、毎日ステージに上がることは体力的にも難しいですから、見込みのある後輩バンドをステージに上げていくプロデュース的な活動もしていくことになります。その中から次世代の人気ミュージシャンが生まれ、客を呼ぶという好循環が沖縄で生み出されているのです。

息の長い活動が続く沖縄出身ミュージシャン

話は少し変わって、２０１０年代後半から、「イカ天」を中心としたバンドブームのその後を掘り下げる記事や書籍が、各方面で発表されています。「イカ天」からは多くのバンドがメジャーデビューをし、オリコンランキングでトップ10内にランクインするようなバンドも多数出ました。しかし、ブームが去ったあとの彼らを追っていくと、必ずしもメジャーデビューが彼らの幸せにつながっているわけではありませんでした。

あるバンドは、音楽会社のいいなりで契約してしまい、ＣＤの売上やライブの回数の割に安価なギャラしかもらえませんでした。

あるバンドは、メジャーデビュー曲の大ヒットが基準となり、第二作以後の売上は悪くないのに、売上低下を責められ続け、数年後には契約を切られてしまいました。

あるバンドは、「売れるためにはこうしろ！」と会社やプロデューサーの意向に従っているうちに、自分たちがやりたい音楽を見失っただけでなく、インディーズ時代を支えてくれたファンも失ってしまいました。

ブームが過ぎたあと、大人たちのビジネスの論理に振り回され、あのときに活躍したバンドの多くが苦しみと悲しみの中で解散したり、活動を停止していきました。そんな中でも活動を続けて２０１０年代に再び脚光を浴び世界ツアーを展開し、全盛期を迎えた人間椅子のようなバンドもありますが、これはどちらかというと稀な成功例と言えるでしょう。

それらと対照的なのが、沖縄出身のミュージシャンです。ミュージシャンとして「そこそこ」の生活をする良い環境が沖縄にあることから、沖縄出身のミュージシャンはメジャーデビューをしたあとも、沖縄に活動の拠点を持ち、息の長い音楽活動を続けるケースが非常に目に付きます。紫はその先駆けですし、ＢＥＧＩＮのボーカル比嘉栄昇（ひがえいしょう）さんも石垣在住です。紅白出場経験のあるＨＹも２０１３年にメジャーレーベルと契約解除して沖縄に戻り、自主レーベルを立ち上げました。

アルバム『ＭＥＳＳＡＧＥ』で、インディーズとして歴代1位のセールス（２８０万枚）を記録した、ＭＯＮＧＯＬ８００はその代表例でしょう。彼らは『ＭＥＳＳＡＧＥ』の収録曲である「あなたに」が大ヒットし、２００２年に紅白出場の依頼があったのにもかかわらず、それを断り那覇の小さなライブハウスで年越しライブを開催しました。一方で日本武道館を含めた全国ツアーを展開しつつ、他方では沖縄県内の小さなライブハウスや大学祭、フェスのステージにも頻繁に登場する、最強のインディーズバンドです。

彼らにとっては、武道館も沖縄のライブハウスも同じステージであり、自分たちがやりたい音楽を、マイペースに続けていくことが一番大事なのです。

そこそこ起業＝自分の居場所を大事にすること

沖縄が、ミュージシャンにとって恵まれた環境にあるのは確かです。そんな環境がなぜ成立したのかは、沖縄という地域の持つ文化と歴史を、もっと掘り下げていかなければわからないと思います。ただ「そこそこ起業」というテーマから沖縄のミュージックシーンの持つ意味を探っていくと、一つの論文がヒントを与えてくれました。

Ateljevic, I., & Doorne, S. (2000). 'Staying Within the Fence': Lifestyle Entrepreneurship in Tourism. Journal of Sustainable Tourism, 8(5), 378-392.

アテリエビッチ（オークランド工科大学）とドールン（ビクトリア大学ウェリントン校）による、ニュージーランドで独自のサービスを提供するライフスタイル観光企業家（tourism lifestyle entrepreneur）を調査した論文なのですが、彼らが見出したのが〝Staying within the fence〟＝「柵の内側にとどまる」という特異な行動でした。彼らは、会社として売上を伸ばす、市場シェアを拡大していくということには、明確に拒否の姿勢を見せます。彼らは、自分たちの趣味や生き方に共感してくれて、一緒に楽しんでくれる人たちを「お客様」として受け入れ、大事にもてなします。何よりも大事なのは、自分たちが「心地よい」と思う今の暮らしを大切にすること。そこに共感して集まる仲間たちと楽しめることをサービスとして提供していくなかで、生活に必要なお金を稼げればいい。

例えば、ニュージーランドはトレッキング、マウンテンバイク、スポーツフィッシングなどのアウトドアレジャーの名所がたくさん存在します。ニュージーランドの宿泊施設のオーナーの多くが、元々これらのアウトドアレジャーの愛好者であり、宿泊客と一緒にレジャーを楽しみます。これは一見オーナーによる「観光ガイド」の様に見えますが、彼らは「宿泊客と一緒に遊ぶ」ことを重視しています。彼らにとっては「同じ趣味の人が遊びに来たから、宿を提供している」のであり、仲良くなれたら一緒に遊ぶという感覚です。しかしそれが、観光客にとっては「現地の人と得難い交流をした」という体験となり、ニュージーランドの観光スポットの魅力にもなっているのです。

そんな経営スタイルで、お客さんが減ったらどうするのか？　彼らは観光で自然や生活が荒らされなくてよかったじゃないか、とまで言い切ります。そしてその姿勢が、ニュージーランドの主力産業の一つである観光業の持つ魅力と競争優位につながっている——とこの論文の著者たちは主張します。

「おもてなし」とかいいつつ、必死にインバウンド収入のために、ホスピタリティをどう上げるか考え、ガイドラインやマニュアルを連発し、大規模商業施設に過剰投資しているどこかの国とは真逆の考え方です。しかし、全世界を襲ったコロナ禍によって、大企業中心のマス・ツーリズムや行政の支援のもとで成立しているエコ・ツーリズムが破綻していきました。そんな中、次世代の観光業が目指すべき持続可能な経営スタイルとして、ライフスタイル観光企業家は期待を集めつつあります。

この論文を踏まえると、沖縄のミュージシャンが地元を大事にする理由も理解できます。

なぜ彼らは自前のライブハウスを経営し、メジャーデビュー後も小さなライブハウスを拠点とし、地元のフェスや大学祭のステージに上り続けるのか。それはもちろん、沖縄を拠点にして、出稼ぎ感覚で東京の音楽シーンと付き合っていくことで、メジャーの音楽ビジネスの論理に振り回されることなく、息の長いマイペースな音楽活動が可能になるからです。

同時に、自分たちの原点である沖縄のライブハウスに戻るからこそ、県内で500を超える沖縄のライブシーンが維持され、次世代のミュージシャンとライブ客が生まれることを忘れてはなりません。彼らはそれを本能的に理解しているのだと思います。自分の居場所だから、そこに集まる人たちを大事に守ることを起点に、自分と仲間たちが生きていくに十分な稼ぎを得られるビジネスを組み立てていく。「そこそこ起業」のヒントは、そういう野生の感覚に根ざしているのかもしれません。

自分が好きなこと、楽しめることを共有できる仲間を集め、守っていくという野生の感覚は、沖縄の音楽シーンに限った話ではありません。私たちが日常的に感じることの感覚の先、あらゆる場所で「そこそこ起業」するチャンスが転がっているのではないでしょうか？

第2章

趣味を束ねて楽しく生きていく達人

46歳、初めてマウンテンバイクに乗ってみた

都内では35度に迫る初夏とはいえ、標高1500メートル前後の信州の林道はヒンヤリと涼しい。

綺麗に枝打ちされ視界が切り開かれているのとは対照的に、木の根や石、エグレなどで凸凹が続く林道の先は、急な下り坂になっておりよく見えない。ヒンヤリとした感覚は、これからこの下り坂を、生まれてはじめて乗るマウンテンバイク（以下、MTB）で駆け下りなければならないからでした。

2021年の7月上旬、コロナ禍から逃れるように、私は信州のキャンプ場を訪れていました。目的は、国営アルプスあづみの公園マウンテンバイクパークでMTBに初挑戦することでした。

私をMTBに誘ってくれたのは、共同研究者であり大学院以来の友人である、神戸大学の松嶋登先生です。出会った頃から彼は、24時間研究体制にあり、一緒にいる時の会話の8割は研究関連というワーカホリックというかリサーチホリックでした。釣

りや漫画に熱中する私に、「なんで、そんなに生産性のないことに時間を使うんだ」と小言を言うのが常でした。

「凄くカッコいい人いるんだけど、会ってみない？」

そんな彼が、ニュージーランドでの2年間の在外研究を経て、帰国してからすっかり変わってしまいました。

ＭＴＢに惚れ込んでしまい、家族全員分（奥様＋子供2人）のＭＴＢを買い揃えるどころかキャンピングカーも購入し、週末には子供たちと林道を走り、キャンプを楽しんでいます。もちろん、自宅から神戸大学にも、六甲山地の林道を飛ぶように走っての出勤です。話の内容も、キャンプと自転車（＋子供たち）が8割を占めるようになりました。

「同年代に、こんな人がいるのかってびっくりしたよ」

おっかなびっくりで林道を駆け下りた先の休憩所で待っててくれていた松嶋先生は、

私より遥かに速いスピードで駆け下りている長男を頼もしげに眺めながら、その「カッコいい人」が「そこそこ起業」のイメージにぴったりだと力説してくれました。趣味に全く興味を持っていなかった松嶋先生を、ここまで変える原因になったＭＴＢとは何なのか。そして、業界内で知らぬ人は少ない、現代経営学のフロントラインを走る松嶋先生が、「カッコいい」と憧れる人はどんな人なのだろうか。これは会って話を聞いてみなければと、私は神戸に向かいました。

マウンテンバイクとの出会い

ご紹介いただいた冨田功（いさお）さんは、神戸市内でＭＴＢのプロショップであるＳＰＡＲＫを経営されています。

「どうぞ、よくお越しくださいました」

約束した時間に松嶋先生とお店に伺うと、開店準備をしていた冨田さんに店内に招いていただけました。ひょろりとした体形なのですが、精悍に日焼けした肌に、ハーフパンツの裾から覗くふくらはぎが、ゴリッと盛り上がっています。
お店に入ると同時に、バターの香りが充満しています。店内にはカフェも併設されていて、奥様が毎日焼くスコーンは、洋菓子に厳しい神戸の人たちにも「おいしい」と評判なのです。

大学卒業後、冨田さんはオートバイ（自動二輪）のワークスチームでメカニックを務めていました。後に、日本一になるチームのメカニックです。同年代だからこそわかりますが、１９８０年代に空前のオートバイブームがあり、現在のアラフィフの男性は、思春期の頃には一度はオートバイに憧れたものです。冨田さんはその憧れを、まさに仕事として実現するという、当時の男の子にとって夢のキャリアを歩んでいました。

「オートバイが好きだったんで自分もサーキットを走っていたんですけども、自分はそんなに速くないんでメカニックに転向したんですね。自分がメカニックをやっていたライダーがめちゃくちゃ速くなって、一緒にワークスに入ったんですよ。90年代中盤くらいかな。アメリカのマウンテンバイクのビデオを見て。カミカゼ・ダウンヒルと言われていた、ひたすら崖の上から最高速を目指すみたいな競技があって。めちゃくちゃ惹かれて、そこから始めたの。日本でもレースが盛んにあって。週末はライダーとかもみんな巻き込んで。みんな、ああいうのが好きなので（笑）」

そんな冨田さんが自転車に興味を持ったのが、ＭＴＢで崖を下るダウンヒル競技を映像で見て衝撃を受けたことでした。当時既に大会が開催されていることがわかり、ワークスチームのスタッフと一緒に大会に参加するまでになりました。

趣味に生きる！

日本一という目標を達成しワークスチームのメカニックの職を辞した冨田さんが、セカンドキャリアとしてＭＴＢのプロショップを開いた……という取材前の予想は裏切られました。ここからが冨田さんの「ライフスタイル」の本番でした。

冨田さんは、オートバイのワークスチームのメカニックとして日本一を経験したことをキッカケにチームを離れます。メカニックの腕を買われて他のチームに移籍したのかというと、そうではありません。

「メカニックを辞めていくつか職についていたけど、なんかしっくりこなくて。その頃、妻がウィンドサーフィンのインストラクターやっていたんですよ。西オーストラリアのランセリンという、世界中のウィンドサーファーが集まる街があって。１年間、ウィンドサーフィン修業に行ったんで、後から自分も行ってみようと思って、１週間と思ったら、楽しくなってズルズル半年間」

冨田さんがオーストラリアで何をやっていたのかというと、毎日サーフィン三昧です。そこで、現地の人にサーフィンを教わりつつ、カフェ文化に触れていくうちに、「こういうお店をやりたい」と思うようになったそうです。

「サーファーの友達もできて。そうなると、強制的に朝起こされて海に連れて行かれて、朝夕ひたすらサーフィン。そこでオーストラリアのカフェ文化を見て、それをやりたいなと。妻はイギリスが好きで、従兄弟もイギリスにいて、よくロンドンとかに行っていて、アフタヌーンティーの文化にも憧れがあった」

帰国後、冨田さんは三宮駅前にカフェを開店します。実は冨田さんは、高校生時代からブラックミュージック好きで、メカニックとして活動しているときもオフシーズンにはＤＪとして活動をしていました。カフェを開店してほどなく、冨田さんは三宮を拠点にＤＪイベントを開催するようになります。

「23年前だったかな、カフェをオープンしたんですよ。それはなんでかというと、オートバイも好きだったけど、子供の頃から音楽もめちゃくちゃ好きで。ＤＪをやっていたから、インテリアもファッションも好きで、自分が作った空間で音楽をやりたくて」

当時はR&B、ヒップホップが日本に紹介された黎明期です。毎週のようにイベントを開催しているうちに自前のハコが欲しくなり、2軒目のクラブの経営も手掛けました。このクラブは国外の有名アーティストがシークレットライブを開催するなど、知る人ぞ知るお店にまで成長したそうです。

この時、冨田さんは脂の乗った30代。昼間は夏にサーフィン、冬にはスキー・スノーボードを楽しみ、夜はクラブ経営者としてバーに立ち、時にはＤＪとしてターンテーブルを回すという、楽しい生活を送っていました。

神戸にマウンテンバイクショップを開く

このカフェ・クラブ経営を手掛けて10年ほどの間、通勤で自転車には乗っていたものの、本格的なMTBからは離れていました。通勤にMTBを利用していて、常に頭の片隅に自転車のことがありましたが、2軒のお店と趣味に忙しく過ごす中で、趣味としてのMTBからは足が遠のいていました。

その自転車熱が再燃したのが、子供と一緒に裏山に散歩に行ったときのことでした。

「子供と裏山に散歩に行ったら、林道にタイヤの跡がついているのを見つけて。そうしたら、うわぁって気持ちが盛り上がってきて。ここを自分も自転車で下りたい。子供と遊びに行っているのに、ここはこう下れるな、とか考え始めて。やっぱ自転車をやろうって、40手前で復活(笑)」

実は冨田さんが40歳を迎えるこのタイミングで、1軒目のカフェがビルの取り壊しで閉店となってしまいました。クラブ経営を続けながらどうするかと考えていたところ、入居していたマンションの1階の店舗に空きが出て、大家さんに「何かお店をやらないか？」と声をかけられました。場所は閑静な住宅街の中で、三宮駅前のような客層は期待できません。そこで、常々頭の片隅にあった自転車を仕事にしてみようと、国産メーカーの自転車を取り扱うレンタル自転車と、奥様の焼く本場仕込みのスコーンとアフタヌーンティーを提供するカフェの併設店ＳＰＡＲＫを開店しました。

実は神戸市は市街地と六甲山地が接近した坂の街で、自転車に乗っている人はあまりいません。普通に考えて、レンタル自転車屋が儲かるはずがない。実際、開業前に相談した同業者の方には、「やめておいたほうが良い。儲からない」と忠告されることがほとんどだったそうです。

とはいえ、需要というのはどういう形で発見されて、生み出されるかわかりません。六甲山地には縦横無尽に林道が走っています。当然、その林道を走っているＭＴＢのユーザーがいます。冨田さんがＭＴＢツアーを企画して楽しんでいるうちに、お店には自然と仲間が集まるようになってきました。

そうすると、もともと凄腕のメカニックで自転車の整備もお手の物の冨田さんに、

ＭＴＢの購入相談が持ち込まれるようになります。ついには「ここでも買えないか？」と頼まれて購入代行をしているうちに、海外メーカーのＭＴＢの輸入代理とメンテナンスをするようになったのです。

この頃、子供が小学校に通うようになり、夜のクラブ経営を続けるのが難しくなり始めた時期でした。ＳＰＡＲＫが小学校と近いということもあり、ちょうどよいタイミングだということでクラブを閉店し、現在のＭＴＢ中心のライフスタイルに変わったのだそうです。

浮き沈みはあるけれど、趣味を束ねて生きていく

ワークスチームのメカニックからオーストラリアでのサーフィン放浪生活を経て、カフェ・クラブ経営者兼ＤＪを経験し、現在はＭＴＢのプロショップ経営者という経歴の冨田さんは、一見「いきあたりばったり」に見えるかもしれません。

しかし、冨田さんの人生は、以下の言葉で一貫しています。

「自分も楽しいし、お客さんの人生も楽しくなったら、それが一番いいかなと。日本

人って働いちゃうじゃないですか。それを緩めるためには、自分たちがやっていることを見せて、一緒に楽しみたいと思ってもらえたら、その人の人生がちょっとでも豊かになるんじゃないかなと思っています」

オートバイにカフェ、音楽、MTBと自分が「楽しい」と思えることをライフスタイルの軸に据えて、自分が楽しんでいく中で見つけた仲間たちと、楽しみを共有できるようなビジネスを手掛けていく。ここで大事なことは、「楽しい」ことを自ら体現していく（performative）ことです。実は、これが「そこそこ起業」にとって大事なことなのだと、指摘してくれている論文があります。

Dobson, S., & McLuskie, P. (2020). Performative entrepreneurship: identity, behaviour and place in adventure sports Enterprise. International Entrepreneurship and Management Journal, 16(3), 879-895.

英国圏のMTBビジネスの調査を行ったダブソン（リーズ大学）とマクラスキー（コベントリー大学）は、MTBに代表されるアドベンチャースポーツの分野では、いわゆる戦略的な計画に基づいた、市場への参入や競争という観点から企業家活動は展開されていないことを指摘しています。むしろ、ＭＴＢのユーザーが集まる場所を作り、自らのパフォーマンスを披露していくことで、起業の機会を摑んでいくというのです。彼らはこのような起業スタイルは、鵜の目鷹の目でビジネスチャンスを探していく典型的なビジネスパーソンとしての活動というよりは、ＭＴＢに乗ることを自己表現としていく、経営者とお客双方のアイデンティティが満たされていく活動として理解すべきであると述べています。

彼らの議論を踏まえてみると、冨田さんのキャリアは、オートバイに音楽、ＭＴＢというまさに「パフォーマンス」の場を作っていくことで、自分のライフスタイル＝人生の楽しみを表現していく、ちょうどよいスケールのビジネスを作り続けたものであると思います。

もちろん「そんなことで生きていけるのか？」、「あまりにもいきあたりばったりすぎでは？」という疑問を持たれる方も、いらっしゃるかもしれません。実際、私自身も、「神戸で自転車屋は、難しいのではないか？」と最初は考えていました。

「浮き沈みはあるんですよね。コロナが来て、世界的な自転車ブームが生まれましたけどね。今（２０２２年）はちょっと落ち着いて。また少し厳しい状態に陥っているんですけど。うちはスコーンとカフェがあるから、不思議なことに自転車がだめになるとスコーンが、スコーンがコロナで打撃を受けたら自転車がカバーしてくれている。今の時代、何があるかわからないから、何個か柱がいるかなという気がします。昔からね、商売とかやっている人は、その辺をちゃんとやっていますよね」

1軒目のカフェがビルの取り壊しで閉店になった際、2軒目のクラブが生活を支えてくれたように、冨田さんの起業スタイルはいきあたりばったりに見えるようで、自分が趣味を楽しんでいく中で作った縁を活かしながら小さな「稼ぎ」を組み合わせていくことでリスクヘッジになっています。それこそ、冨田さんがMTB以外にも楽しんでいる、サーフィン、スキー、釣りなどの多様な趣味で結んだ縁は、将来的にはどこかのタイミングで「そこそこ起業」という形で花開いていくのかもしれません。

もちろん、人に楽しんでいるところを見せて、商売にまで昇華できるほど趣味を極めていくことは、楽しみつつ努力を怠らない姿勢が必要とされます。しかし私たちも、趣味と仕事を分離せずに「ライフスタイル」という軸を通した時、実はいろいろな「稼ぎ」を生み出し、人生を楽しみながら、生きるのに十分な収入を得ていくことも可能であることを、忘れてはならないと思います。

「幸せをとどける人だよね」

取材が終わった後、冨田さんを紹介してくれた松嶋先生はそう言いました。「自分が楽しむことが、みんなの幸せにも繋がる」と断言できる人生を送ってきたからこそ、冨田さんの生き様は最高にカッコいいのだと思います。

第3章

同人誌の世界に学べ！推しエコノミーの本質

漫画雑誌に飛び交う謎の呪文

私は漫画が好きです。おそらく、研究に関わる書籍と同等か、それ以上の金額を漫画に費やしていると思います。ここ数年は歴史物の作品を好んで読んでいますが、萌え系4コマからサブカル系まで、少女漫画以外のおおよそのジャンルに一度は手を出しています。本業である論文のタイトルや文章中に、わかる人だけがわかるように、漫画のセリフを入れ込むような遊びをして、査読された先生に怒られたことも何度かあるくらいです。

研究者の性で気に入った作品があると作者の過去作は可能な限り全て入手して読みますし、作者のホームページやTwitter（現X）を覗いて、何を考えて作品を作っているのかその背景を分析するのも大好きです。そうして作家情報を探っていると、7月も半ばをすぎる頃SNS上で、「夏コミ2日目　西〝あ〟-43b」という感じの文字列に直面することになります。「ああ、今年もこの時期が来た」と、季節を感じさせてくれる夏の風物詩です。

初夏の頃にＳＮＳ上で乱れ飛ぶこの手の文字列は、門外漢には呪文にしか見えないでしょう。私がこの呪文をはじめて見たのは、大学生の頃のことです。

親の教育方針と受験勉強の関係で、私は高校卒業までほとんど漫画を読む機会がありませんでした。その反動なのか大学生になり一人暮らしを始めるとすっかり漫画好きになり、当時の大学生らしく「ガロ」を代表とするマニアックな雑誌を読み漁っていました。

その時期から漫画雑誌は連載作品から編集後記まで何度も舐めるように読むクセがあったのですが、マニアックな漫画雑誌では年2回、初夏と初冬に先程の呪文が飛び交っているのに気づきました。

「それ、コミケ。コミックマーケットのこと。同人誌作って販売会するイベントが年2回あるんだよ」

同じようにサブカル系の漫画が好きな友人に呪文の正体を聞くと、「コミケ」、「同人誌」と知らない言葉が返ってきました。どういうことかと掘り下げて聞いていくと、

「どうやらこの世には自費出版で漫画を書く人たちがいて、コミケと言われる即売会で販売しているらしい」ということまでは理解できました。

「数万のサークルが出店していて、3日間で数十万人が集まる大イベントだよ」

実際にコミケにも通っていた友人は、戦利品の同人誌を私に見せながら、詳しく説明してくれました。でも、悲しいかな、当時の私は大学デビューの経験の浅い漫画オタクでしかなく、同人誌なるものになぜ熱中するのか、その理由がわかりませんでした。

「それって儲かるの?」

「印刷代が出たら御の字かな。在庫の段ボールで部屋が埋まって、借金抱えた友達とかいるよ」

そう笑いながら言う友人の言葉に、私は首を傾げました。赤字が出るリスクを抱えてまで、なんで同人誌を作ろうと思うのだろうか。

「創作でもパロディでも、漫画を描いて本を作るのが楽しいから、みんなやっているんじゃないかな。儲けるのが目的だったら、コミケは続かないよ」

漫画を描いて本を作るのが楽しいから続いている――この夜からコミケについては、ずっと積み残しの宿題のようなものになっていました。同人作家の方たちを「そここそ起業」という視点から読み解いていくことができるのではないだろうか。そんなことを打ち合わせで話していると、創作系同人誌サークルを主宰し、4年前から同人活動一本で生活をしているMさんに取材する機会を本書の担当編集が作ってくれました。

同人誌の世界

取材前に、Mさんのサークルが販売している同人誌を、都内の同人誌書店を巡って一通り購入しました。創作系同人誌にはこのようなアプローチもあるのかと感心しつつ、一人暮らしの私が不慮の突然死を迎えた時、私の遺品の中からこの本が出てきたら、親兄弟や友人から死後でも縁切りされそうな、そういう刺激的なジャンルの同人誌でした。

この刺激的な同人誌を作成しているMさんは、専門学校を卒業し広告代理店にデザイナーとして勤務しつつ、Twitterやpixivにイラストを投稿していました。そのSNS上のつながりで得た友人から「コミケでイラスト集を販売しないか」という誘いを受け、2016年に作り手側としてコミケに初参加したのが、人生の転機となりました。

「2016年の年末のコミケで売って、あとは同人書店さんに委託しようと。それでとりあえず、300部刷ることになりました。コミケが12月31日だったので、先に書店さんに委託して予約を受け始めたのですけど、予約だけで300部が埋まってしまって、急遽追加で700部刷って合計1000部。その後、何ヶ月かして更にもう1000部刷って。ざっと、2000～3000部くらい売れました」

初版の1000部を数年かけても売り切るのが難しい学術出版の世界からすると、発売前に増刷、数ヶ月で3000部販売というのは羨ましすぎる世界です。しかも同人誌は即売会場と書店委託での販売価格から、印刷代を中心としたコストを差し引いた金額が全て制作者の収入になります。

何より、自分で販売価格を決められるわけですから、人気のある大手サークルなら、それこそ濡れ手で粟の状態になってしまうかもしれません。実際、大手サークルとなると一会場で千部単位の販売部数を記録し、ＣＧ集のＤＬ販売などを手掛けている場合は億ションを購入する方もいるらしいです。

「でも、オタクの建前として、同人誌で稼いでいるというのは、言わないほうが良いんですよ」

同人誌１冊あたりの値段から、一体どれくらい儲かるのか脳内でそろばんを弾いていると、Ｍさんは釘を刺すように、我が国の同人誌市場の独特の価値観を教えてくれました。

「同人誌って、基本高いじゃないですか。普通の（書店に並ぶ）単行本より、凄く高いんですよ。ではなぜ高い価格が維持されるのかと言うと、大きいサークルがダンピング（不当に安く販売）することは良くないというのが、共有されているから。大きいところがダンピングしちゃうと、小さいところは印刷代だけで赤字になるので。イメージとして、表紙がカラーで中ページがモノクロだと500円。フルカラーだと1000円くらいですね」

確かに、現在コミケに参加するサークルのPRがSNS上にも多く流れていますが、だいたいMさんの言うとおりの横並びの金額になっています。これは、サークルの規模に関係なく、作り手としてコミケに参加するハードルを下げるための暗黙のルールなのです。

もう一つ、注目すべきが、どのサークルも「頒布（はんぷ）」という用語を用いていることです。「頒布」というと難しい表現ですが、これは希望者に品物や資料を広く「配る」という意味であり、「売り買い」を意味する用語ではありません。

「売っているのではなくて、趣味で作っているものを、適正価格で、みんなでシェアしているって体（てい）になっているんです」

サークルとして人気が出て、結果として高級マンションを買えるような稼ぎを得ている人がいるのも事実です。しかしコミケそのものは、一人でも多くの作り手が参加し、同人誌を媒介として同好の士が交流していくための場として設計されているわけです。Mさんは、コミケのことを「作り手に甘い市場」と表現しましたが、一人でも多くの作り手が増えれば、同人誌が増え、コミュニティの参加者全体の幸福が拡大していく、という考えが共有されているのが、同人誌市場であると言えると思います。

作家を支えていくコミュニティ

Mさんのお話から窺えたのは、あくまで趣味を共有する人たちの、年に数回の「お祭り」がコミックマーケットの本質であるということでした。毎年100万人近い動員のある大規模なイベントですので、工夫次第ではいくらでも「稼ぎ方」があるかもしれませんが、当事者はそういう考え方は「良くないこと」と考えています。

むしろ、稼げる／稼げないで判断してしまう、私を含めた部外者の感覚自体が誤りかもしれません。よく考えれば、大手サークルでも一会場あたりの販売数が1000部程度だとしたら、その他のサークルが同人誌だけで生活することは難しいはずです。だからこそ、「稼ぐ」のではなく、「楽しむ」ことが優先されているのでしょう。

とはいえ、現在のMさんが4年前から仕事を辞め、同人コンテンツの販売で生活を成り立たせているのも事実です。その経緯を掘り下げて聞いていくと、Mさんは「Fantiaを始めとした作家支援型コンテンツプラットフォームの登場で、独立が実現した」と答えてくれました。

「作家支援のパトロンサイトをはじめたのは、初めてコミケにサークル参加した半年後の2017年の7月なんですよ。月会費500円で、初月に9000円入っているんですね。意外にみんな払ってくれるなと思っていたら、8月に3万9000円、9月に6万2000円、10月に8万4000円、11月に9万6000円、12月についに10万円まで伸びたところで、お、仕事を辞められるのではと。それで、こんなに会員がいるので申し訳ないと、週1回更新するようにしたら会員さんが凄く増えていって。だいたい2020年から今まで、月55万円くらいです」

国内ではFantia、FANBOX、海外ではPatreonなど、作家支援型コンテンツプラットフォームが2010年代に次々立ち上がりました。その特徴は、ネット上で作品を販売するのではなく、人々がお気に入りの作家に「寄付」や「支援」という形で会費を支払い、作家は有料会員向けの限定公開の作品や、会員からのオーダーに基づく作品、制作状況報告などを提供していくというものです。Ｍさんの生活と創作活動は、この作家支援型コンテンツプラットフォームを通じて獲得した、１万人の無料会員と、１２００人の有料会員に支えられています。

たった１２００人と思うなかれ。この１２００人の有料会員を中心とした月会費やコンテンツ販売を通じて、現在のＭさんは年１０００万円近くの収入を得ているそうです。

「コミケは東京で開催されているので、地方の人にとっては辛いんですよ。だからパトロンサイトの登場で、地方住みの人が盛り上がりに参加しやすくなったのかなと。実際、有料会員も北海道から沖縄まで、地方の方が多いです」

単行本やイラスト画集といった「作品」ではなく、「作家」そのものに課金をしていくということは、一般には理解しがたい感覚かもしれません。しかし、コミケでは「価格設定のルール」で作り手を守っていることを踏まえると、「作家」に課金することは不思議ではありません。ＳＮＳが発展した現在、作家支援型コンテンツプラットフォームを通じてお気に入りの作家を支援して、コミュニティ内で楽しみを共有していこう、という考え方にまで、オタクの人たちの感覚は進歩しているのかもしれません。

推しエコノミーの本質を考え直そう

２０２１年に『推しエコノミー 「仮想一等地」が変えるエンタメの未来』（中山淳雄著）という書籍が発売され、話題を呼びました。近年の若者がコンテンツ消費に関わる感情を「推し」という概念から捉え、我が国発のコンテンツ市場を「オタク経済圏」として提示するという、非常に興味深い論考であったと思います。

一見すると、Ｍさんの創作活動は、「推し」によって支えられていると言えるかもしれません。しかし、最近流行りの「推しエコノミー」という言葉には、どうしても「推し」という感情を手がかりに、作品やグッズをできるだけたくさん売り、稼いでいこうという「商業側の論理」が見え隠れしています。それに対して、Ｍさんから伺った、コミックマーケットや作家支援型コンテンツプラットフォームの実態は、「推しエコノミー」という言葉に還元してはならないように思えます。

それは何なのかを考えていくうちに思い出したのが、エイコフ（スターリング大学）とハンスチャイルド（ロンドン大学）の論文です。

Eikhof, D. R., & Haunschild, A. (2006). Lifestyle Meets Market: Bohemian Entrepreneurs in Creative Industries. Creativity and Innovation Management, 15(3), 234-241.

この論文では、劇団に所属する俳優、演出家、脚本家をライフスタイル企業家として分析していきます。演劇界という強力な文化にどっぷりと漬かっているからこそ、人々は演劇人として生きていくために起業するという動機を獲得します。他方で、演劇自体がスポンサーの支援によって成り立つ商業活動であるため、演劇人たちがやりたい舞台の芸術性との対立が生まれてしまいます。その対立の中で商業性と作家性に折り合いをつけたり、創造的に解決していくことで、演劇人としてのアイデンティティを確立していくのだ、というのがエイコフらの分析です。いわば、商業性を超克した先に、起業という手段によって支えられている文化的なコミュニティが形作られるというのが、彼らの主張になります。

ところが、Mさんが語る日本の同人誌の世界は、商業性との対立から軽やかに解放されているように思えます。これは、日本の同人誌市場では、作り手側と消費者側が明確に区別されておらず、仲間同士で創作活動を支え、作品を分かち合い、楽しんでいく「頒布」という文化に支えられたコミュニティが存在しているからです。作家支援型プラットフォームの利用者も、有料会員が提供してくれる作品を消費しているのではなく、「推し」の創作活動を支援することで、自身も制作プロセスに参加し、喜びを分かち合うという考え方が根底にあるのではないでしょうか。

いわば、参加者全員が幸福の拡大を目指し、創作を支え合うことを前提とするのが、日本で生まれた同人誌という世界です。私たちは、こんな奇跡のようなコミュニティが日本にあることに、改めて注目せねばならないと思います。

第4章

異色肌ギャルメイクから考える「レジリエンス」

三次元には、勝てないんですよね？

「三次元には、勝てないんですよね」

前章の同人作家であるMさんへの取材が終盤に差し掛かり、同人界隈について掘り下げたお話を聞いていた時のことでした。一言で同人誌の世界といっても、一次創作・二次創作の漫画だけが流通しているわけではありません。自主制作のフィギュアや音楽、ゲームも流通しており、中でも非常に大きなジャンルとして、「コスプレ」の世界が「売上の桁が違う」とおっしゃっていました。

確かに、ここ数年の大手メディアでとりあげるコミケを始めとした同人誌即売会の記事では、コスプレイヤーさんが取り上げられるケースが目立つようになりました。有名コスプレイヤーさんが、写真週刊誌などでグラビアに登場したり、写真集が発売されたりすることも珍しいことではなくなったように思えます。漫画を読むのにはある種のリテラシーが必要で、創作でも二次創作でも読者層は限られてしまいます。それに対して写真＝グラビアの場合は、そのハードルが低く、コスプレとして装われているキャラを知らなくても、被写体の美しさや魅力だけで、読者を引きつける力を持っていると思います。

（それにしても、桁が違うほどの差が出るものなのだろうか？）

三次元の同人市場の動向を聞きつつ、そう思案していると、私以上に担当編集者さんが「コスプレイヤー」というキーワードに何かを感じ取って、「それは凄く面白いので、別の回にどうですか？」と強く推し始めました。

確かに、同人市場の広がりを知るという意味でも、コスプレイヤーさんに取材するのは面白いかもしれません。いろいろ幅広く、オタク的に趣味と興味を持っている私ですが、コスプレやグラビアという世界については、ほとんど「知らない」と言って良い世界です。

ほどなく、集英社内のツテを辿って取材を受けてくれるコスプレイヤーさんを見つけたとのご連絡をいただきました。担当編集者さんからのメールに記載されていたTwitterのリンクをクリックしてみて、「うぉっ！」と思わずうめきました。

一瞬、「緑のゴブリン」という単語が脳裏をよぎったのですが、写真全体からはファンタジーの世界というよりは、アングラとサイバーパンクの匂いが濃厚に漂っています。ポーズや表情もその世界観にあわせて計算され尽くしていた、凄い身体表現だと思いました。

「大人の世界」のグラビアからフリーのモデルへ

ご紹介いただいたのは、今やアートやファッションの世界にまで活動の広がりを見せている「異色肌ギャル」のトレンドの発信者であるｍｉｙａｋｏさんです。

「コミケに参加はしていますが、ジャンルとしてはコスプレイヤーではありません。それでも大丈夫ですか？」

ｍｉｙａｋｏさん自身はモデル、ＤＪ、イベント開催、コスプレを中心としたメイク指導など幅広いジャンルで活動されており、職業＝コスプレイヤーとカテゴライズすることは難しい方です。私が取材を通して脳裏に浮かんだのは、身体表現を通じて自分の世界観を他者に伝えていく「表現者」というカテゴライズでした。

「表現者」としてのｍｉｙａｋｏさんの出発点となったのは、大学生時代に「ちょっと変わったバイトのつもり」で始めたグラビアモデルのお仕事でした。グラビアを中心に、イベントやお芝居など様々な仕事を体験しつつ、会社員くらいの給与を得られるため、まさに「ちょっと変わっているけど、面白くて割の良いバイト」でした。

とはいえ、グラビアモデルは「ずっと続けられる仕事」ではありません。基本的にはデビューしてから数年で旬が過ぎてしまいます。事務所側としても、旬を過ぎてしまったモデルさんを抱え続けることはできませんので、「次」の展開に進むことを考えます。よくあるパターンが、徐々に過激な露出になっていくというものです。

ｍｉｙａｋｏさんも3年目を境に、「これからどうするのか？」という選択を迫られました。通常であれば、より過激な露出に進んでいくのか、このままフェイドアウトして引退していくかの二択に悩むことになります。

「その時は、あまりガッツリとしたセクシーな仕事はしたくなかったのですが、事務所から『そっちに行くか、辞めるかどちらかにしませんか』って話が出始めたんです。加えて、事務所は私を清楚系で売っていたんですが、それが私の趣味とは合わなくて、苦しいって感じ始めていたんですよね。一方で、完全に私の趣味で、サブカル系の即売会に参加していて、少しずつ利益が出るようになったことも大きいです」

多くのグラビアモデルが直面するキャリア上の危機からｍｉｙａｋｏさんを救ってくれたのは、自分が心底好きであったアングラ・サブカル系の同人誌即売会への参加で得た繋がりでした。

その繋がりを通じてｍｉｙａｋｏさんはその同人誌即売会で、自分が心から「好き」と言えるキャラを演じ、それを受け入れてもらえるコミュニティを得ることができました。このコミュニティの中でなら生きていけるという自信を持てたことで、「過激な露出」でも「引退」でもなく、「表現者」として生きるという道を選ぶことができたのです。

異色肌コスプレのブレイクから、拓かれた世界

事務所を離れたｍｉｙａｋｏさんは、まずフリーの撮影会モデルとして活動をスタートしました。お客さんには自主制作の写真集を作るセミプロのカメラマンから、

単にコスプレしている女性の写真を撮りたい方、撮影を通じてモデルの女性とのコミュニケーションを取ることを楽しむ方など、様々な方がいらっしゃるそうです。いうなれば、モデル側もカメラマン側も、「お互いの好きなものが受け入れられる場」が、撮影会なのだと思います。

「撮影会に来られる方は本当にバラバラで。Twitterで私を見かけて来てくれた人とか、アイドルイベントには行ったことない人もいます。写真撮影が趣味で週刊誌や写真集みたいに自分で撮ってみたいとか、ちゃんと照明も揃った場所で撮ってみたいとか……。あと私と一対一で話す機会は撮影会しかないんです。バーとかでイベントすることもありますが一対多人数になりますし、お酒を飲めない方もいますので。そういう人には月1回の撮影会は喜んでもらえますし、私も嬉しいですね」

撮影会モデルとしてフリーとなったことで、収入も大きく変わりました。スケジュールの管理から化粧品・コスチュームの準備、金銭の管理まで自分で処理せねばなりませんが、手取り金額は大幅に増えたそうです。事務所所属の時と違って自分で仕事を選ぶこともできます。

他方で、ｍｉｙａｋｏさんは根底で、自分の好きな世界観を発信していく「表現者」でいることを求めていました。撮影会モデルとして、「お客さん」の「好きなもの」を受け入れていくだけでは、フリーになった意味を見失うことになります。

そこで、同じ趣味を持つ友達を誘って、カメラマンと会場を自分で手配して撮影しTwitterやInstagramで発表したのが、冒頭の「異色肌ギャル」という世界観だったのです。

「(グラビアモデル時代から) 体全体に絵具をかぶるような仕事もあったんですが、それはノーメイクでした。この状態の上にメイクしたほうが可愛いのになと思ってました。漫画やアニメで、肌の色が違うキャラが私はすごく好きだったので。それで、自分で体に色を塗った上にメイクしてみたのがキッカケです。それから、コロナ前だったんですけど、大型の撮影会を主催しようと思って。何人か揃ってやったら絶対にかわいいって。気の合う仲間で作品撮影して、バズったのもキッカケですね。趣味でやっていたのをガッツリホンキで撮影しました。利益は考えていませんでした」

異色肌ギャルをＳＮＳで発表した２０１７年頃、ｍｉｙａｋｏさんは「これで稼げる」とは思っていませんでした。むしろ、「好きなものを自分の体で表現」して、「共感してくれる人と繋がっていく」ことを求めていました。

ところが、異色肌ギャルがファッションやアートの世界に広がり流行化していくなかで、グラビアの仕事だけでなくメイク指導の仕事も入るようになりました。

実は、異色肌ギャル関連の仕事は化粧品や衣装の消耗が激しく、TVや雑誌から依頼があっても出費が大きいことが痛し痒しなのだそうです。しかし、異色肌ギャルとしてバズったことで、その世界観に共感してくれるファンが増え、クリエイター支援型プラットフォームであるFantiaなどのオンライン上での活動が軌道に乗るようにもなりました。

これらのプラットフォームは、先述の通りクリエイターとファンが直接交流できる場であるだけでなく、金銭的な支援が得られる仕組みです。自分で仕事もファンもコントロールできるという状況は、「表現者」としてのmiyakoさんが一番求めていたものだったのです。

「そこそこ起業」が女性にレジリエンスを与えてくれる

我が国では、ＩＴや福祉、サービス業など今や様々なジャンルで女性企業家が誕生し、活躍している姿が紹介されるようになりました。企業家研究の研究者として、これまで何人かの女性企業家の方に取材させていただいたこともあるのですが、実はそのたびに少し「違和感」を抱くことがありました。

ある時は「細やかさ」や「柔軟さ」という形で過剰に女性性を強調したり、ある時は話し方から立ち居振る舞いまで私から見ても過剰なほどに「男性的経営者」を演じていたり、女性企業家の方の「正体」が見えてこないことが非常に多いように感じるのです。

実際、ピーターソン（ラントブルックス大学）は２００４年に発表した論文では、女性企業家が対外的（投資家やマスコミ、顧客）には過剰に女性性を優位性としてアピールし、社内では男性的に強権を振るうことを、フェミニズムの観点から批判しています(*)。

女性企業家の方もそれぞれに私的な動機と自己実現のために起業という手段を選ん

だのであれば、一方で過剰に女性であることを売りにし、他方で会社を維持するために女性であることを捨てて男性的に振る舞わねばならない状況は、すり減っていく一方ではないかと心配になります。

しかし、２０２２年に、まったく違う観点から女性と起業の関係を問い直す論文が発表されました。

Padilla-Meléndez, A., Ciruela-Lorenzo, A. M., Del-Aguila-Obra, A. R., & Plaza-Angulo, J. J. (2022). Understanding the entrepreneurial resilience of indigenous women entrepreneurs as a dynamic process. The case of Quechuas in Bolivia. Entrepreneurship & Regional Development, 1-16.

ボリビアの先住民族の女性企業家32名へのインタビュー調査を元にした論文が強調するのは、起業することで彼女たちが「レジリエンス」を獲得していくことです。レジリエンスは近年のビジネス用語としても注目されていますが、自分自身が不利な状況（家族・職場などでの人間関係の問題や、失業などの金銭的脅威）であっても対応できる個人の能力であり、抵抗力や回復力と訳されることがあります。

この調査で取り上げられた起業とは、日本で注目されているようなキラキラ系の女性企業家とは異なり、低資本・低投資でスタートできる路上の市場での農作物や民芸品の販売です。これは決して巨大なビジネスではありませんが、その市場が女性に拓かれた場であるからこそ、彼女たちは貧困や孤独から逃れることができるし、窮地に陥っている女性を助けることもできるという、好循環が生じていることをパディラ＝メレンデス（マラガ大学）らは指摘しています。

このボリビアの市場の女性たちの延長線に、ｍｉｙａｋｏさんの活動があるのではないでしょうか。グラビアの世界に留まっていれば、女性という性を一方的に消費されてしまったかもしれませんし、引退してもその先に安定した生活は望めなかったかもしれません。

グラビアモデル3年目の危機に対応し、ｍｉｙａｋｏさんが「表現者」として第三の道を選べたのは、「自分を受け入れてくれるコミュニティ」を見つけて、そこから「表現者として、やりたいことをやりつつ稼いでいく」状況を作り上げていくことができたからです。いわば、自分が「好きなもの」を表現し、受け入れてくれるコミュニティを見つけたことが、ｍｉｙａｋｏさんにレジリエンスをもたらしたのです。

「私は、漫画とか本だけが家族だと思っていたのですけど、同じ活動をしている、いろんな表現をしている漫画家さん、同人作家さん、モデルさん、コスプレイヤーさんといった面白い人たちとたくさん会って、その中で評価していただいたことで、あらゆる自信と安心感がついてきて。寂しいという思いが、かなりなくなったというか。本当に、多くの人に支えられているなぁと実感でき、強さを身につけられました」

好きなものを好きと言うこと。そして、仲間を見つけること。私も含めて、簡単なことのはずなのに、実践できていません。競争せず気楽に生きていく「そこそこ起業」を目指すためには、まず「好きなもの」を見つめ直して、表現していくことが第一歩になるのではないでしょうか？

(*) Pettersson, K. (2004). Masculine entrepreneurship-the Gnosjö discourse in a feminist perspective. Narrative and discursive approaches in entrepreneurship. Edward Elgar, Cheltenham, 177-193.

第5章

最果てのゲイタウンが教えてくれる「商店街活性化」の鍵

沖縄の面白いおでん屋

「高橋先生、おでん食べに行こう！」

今から20年ほど前、沖縄大学に専任講師として採用された２００２年の11月、ようやく沖縄での生活にも慣れた頃のことでした。夜間の講義が終わった後、国際通りに沖縄で初めて開店したスターバックスでカフェラテを飲みながら論文を執筆していると、突然、声をかけられました。声の主は、私の授業を受けていて、授業終わりによく質問にくる社会人学生です。

沖縄大学は那覇の中心部に立地しているため、国際通りから繁華街の松山にかけて、学生の遊び場になっています。当然、その学生も夜の街をぶらついていたわけで、たまたま私を見つけて声をかけてきたのです。

「おでん？」

「晩御飯食べた？　この近くに、面白いお店あるさ」

おでん屋が面白い？

「面白い」という言葉に惹かれて、彼の後をついて歩いていると、国際通りから一本入った薄暗い路地裏にぐいぐい入っていきます。

きらびやかな国際通りから、距離にすれば200メートルほど奥に入っただけなのですが、嘘のように人通りがありません。沖縄独特の背の低いコンクリートを打ちっぱなしにした長屋のような建物に、アルミの扉が等間隔で並んでいます。店頭には申し訳程度に赤や黄色のランプが灯り異様な雰囲気に支配されています。よく見ると強い日差しと台風の雨風で消えかかった看板に、「スナック○×」と名前が書いてあり、耳をすませば懐メロを歌うオジィの歌声が聞こえてきたりします。

「ここです！」

学生が指差した先にあったのは、ここに来るまでに見た怪しいスナックとほぼ同じ造りでした。

「この店に入るには、儀式があるさ〜」

そう言いながら、学生はドアをノックします。

そうすると、隣の窓がカラリと開いて、女将（おかみ）さんが顔を出します。

「大丈夫ね？」

おばちゃんは私たちの顔色を確かめてから、扉を開けてくれました。

カウンターとテーブル席を合わせて10人も入ればいっぱいになる狭い店内に、大鍋でゆっくりと煮込まれているおでん。テビチとかソーセージが一緒に煮込まれていること以外、たしかにおでん屋さんでした。

京都によくある一見さんお断りのお店なのかと思えばそうではなく、女将も客も安心しておでんとお酒を楽しめるように、入り口の鍵をかけて泥酔客を入れないようにしているのだとか。この夜に初めて食べた沖縄おでんは、相当美味しかったことを覚えています。

那覇都心の異界から南端のゲイタウンへ

「おばちゃんの呼び込みについて行っちゃ駄目だよ」

大満足のおでん屋さんから出たあと、酔い覚ましも兼ねて歩いて30分ほどの距離にある自宅まで帰ろうと、裏路地の奥に進み始めた私に学生は言いました。

「この辺は〝出る〟からね。気をつけてね」

そう言って学生は、国際通り方面に消えていきました。
出る？　どういうこと？　そう思いつつ歩みを進めていくと、所々で「にいさん、にいさん」と小さい呼び声が聞こえます。その先に、妖怪のように笑うオバアがスナックのドアの前に座っています。目が合うと、「30分1万円」と言って指を一本差し出しました。形容しがたい恐怖を感じて、私は足早にその裏路地を引き返して国際通りに出て、タクシーで帰宅しました。

このおでん屋があった裏路地ですが、桜坂社交街といいます。沖縄では社交街と名がつく通りがいくつかあり、米軍統治下時代は歓楽街として非常に栄えていたそうです。沖縄返還後に徐々に廃れていき、私が沖縄に住んでいた2000年代初めには場末のスナックと赤線地帯の名残で商売を続ける人たちが共存する、都心の異界になっていた訳です。

さて、2022年の5月中旬。共同研究者の調査に同行して、私は那覇にいました。沖縄から離れた後も通い詰めていた第二の故郷と言っていい場所ですが、コロナ禍もあり3年近く足が遠のいていました。残念ながら運悪く那覇空港に着くと同時に梅雨入りしてしまい、全日程で雨に見舞われていました。

先に東京に帰った共同研究者と別れて那覇のホテルに滞在中、ふと「桜坂のおでん屋」を思い出しました。5月の沖縄にしては珍しく半袖だと寒いし、滞在先のホテルから歩いて10分ほどなのでちょうどよいと、足早に桜坂に向かいました。記憶を辿って訪れたおでん屋さんは、女将さんが亡くなったらしく、残念ながら閉店していました。

しかし、悲しみより大きな驚きがありました。桜坂社交街の「異界感」が大幅に薄れてしまっていたことです。ここ数年の間に、ハイアットリージェンシーをはじめ、大型観光ホテルができて人の流れが変わったこともありますが、かつて怪しいスナックが並んでいた通りが、オシャレなカフェやバー、料理店に入れ替わり、観光客や若者が集まる場所に変わっていたのです。

ただ、異界感が薄れただけで、何とも言えない違和感を抱きはじめていました。どれくらいこの通りが変わったのかを確かめようと歩いていると、何となくすれ違う人からの視線を感じます。なんか、さっきから男の人としかすれ違っていないような……さっきから「会員制」と書いてあるバーが多いような……。

とりあえずスマホで店舗情報を確認してみると、「会員制」と書かれているお店は全てゲイバーでした。一帯を歩いて確かめたところ、30軒ほどのお店を確認することができます。沖縄返還50年を迎えて、かつて米兵と沖縄女性の悲喜こもごもが繰り広げられた社交街は、ゲイタウンを中心とした若者が集まる街として再生していたのです。

街は新陳代謝する

「この辺りは家賃が安いから、いろんな人が集まって、お店増えたのよね」

ひとまず桜坂の入り口にできた観光客向けの屋台村で夕食をとっていたところ、たまたま話しかけられた同年代のおじさんがゲイの方で、この街についていろいろとお話を聞くことができました。

桜坂地区が変わり始めたのはだいたい15年ほど前のことです。国際通りにもモノレールの牧志駅にも近い立地でありながら、家賃が安い桜坂地区に目をつけた若者たちがバーやショップを開店したのがキッカケだったそうです。

後日、地元の不動産屋を回って確かめていくと、国際通りに面している店舗と比べて、桜坂地区はかなり割安の家賃で貸し出されていました。居抜きの店舗も多いので、バーを出したい仲間が数人集まれば、低コストでお店を出すことが可能です。ゲイバーに限らずこの界隈で出店されている店舗の多くは、明らかに自前で外装と内装をリフォームした手作り感に溢れていました。

おじさんの話を聞きつつ泡盛を飲みながら、「なるほどねー」と思い出したのが、私の共同研究者の一人でもある木村隆之（九州産業大学）の論文でした。

木村隆之（2015）「遊休不動産を利用した『利害の結び直し』として読み解かれるソーシャル・イノベーション――滋賀県長浜市株式会社黒壁と福岡県北九州市株式会社北九州家守舎の事例」『日本ベンチャー学会誌』第25巻、47-59頁。

日本ベンチャー学会清成忠男賞を受賞した木村先生のこの論文は、滋賀県長浜駅前の商店街や福岡県北九州市の魚町銀天街をフィールドに、一度はシャッター通りになりかけた商店街が復活したメカニズムを明らかにしたものです。大型のショッピングモールに負けない魅力を商店街が持つためには、商店街店主が危機感を共有し、新しいアイディアを持つ人を中心に商店街店主から地域住民まで商店街再生に向けて協力関係を築き上げる必要があるという、通称「やる気ロジック」を中心に議論されてきました。

木村先生は、この「やる気ロジック」に否を突きつけます。まず、多くの地域住民はショッピングモールやコンビニなど行動圏内で買い物ができるため、商店街がなくなっても実は困りません。商店街店主の側も、バブル景気の時期に商店街の自前店舗を担保にして大型の融資を得て、近辺でマンションやアパート、駐車場のオーナーとなっており、実はお店が儲からなくても問題がない。

お店を閉めた場合も、下手に賃貸に出して反社会勢力が入居してしまうと不動産価値＝担保価値が下がってしまい、資金繰りに問題が発生してしまうので極力賃貸しなくなる。お客さんも、お店側も商店街も「困らない」から、商店街はシャッター通りになっていく、それが木村先生の見出した商店街衰退のメカニズムです。


他方で、商店街に「行く理由」ができれば、商店街は復活します。長浜駅前の商店街や魚町銀天街の復活を担ったまちづくり会社が仕掛けたのが、シャッターを閉めた物件を預かり、安全な（反社会勢力ではない）テナントを入居させ、お店づくりからコンサルティングしていくことでした。新しいお店が増えれば、新しいお客さんが訪れて人流が発生します。

人流が増えればお店も増えて、新しくお店を出そうとする優秀な経営者も、その経営者に店舗を預けようとする商店街店主も増えていく……この遊休不動産を利用した好サイクルによって、商店街の店主とお客さんが入れ替わっていくことで、商店街は復活していく。いわば「街の新陳代謝」を進めることが商店街活性化に必要不可欠であり、そのためには遊休不動産を賃貸市場に流通させることが鍵となる訳です。

ここで大事なことは、商店街の再生には「お店の店主」も「お客さん」も「入れ替わる」ことです。しかし、木村先生の論文を読んだときから、「なぜ、新しい店舗に新しいお客さんが継続的に来るのか？」が十分に説明できないという大きな課題があると、私は考えていました。

確かに、商店街に新しいお店ができれば、付近の住民が見に行くことはあるでしょう。しかし、それが商店街の復活につながる人流に成長するためには、継続的にお店に通う常連客が増えなければなりません。常連客が生まれる仕組みが説明できないと、たとえ遊休不動産を市場に流通させても、「街の新陳代謝」がどう起きるのかわかりません。

「2丁目にもお店はいっぱいあるけどね、そこだと誰に会うかわからないでしょ。だから、沖縄に通っているの。安心できるんだよね」

私に話しかけてきたおじさんは、関東圏から月1、2回ペースで桜坂に通っているそうです。ご家族や友人には既にカミングアウトされているそうなのですが、付き合いの浅い職場の同僚や取引先の人にゲイであることを知られることで要らぬトラブルが生じるのを避けるために、沖縄に来ているのです。

15年ほど前、桜坂にゲイバーを最初に作った人が誰なのかはわかりません。しかし、自分と同じ仲間が集まり、出会う場が必要で、アクセスもよく家賃も安い桜坂に、手作りのバーを立ち上げたのだと思います。そして、同じ性的指向を有する人たちが、安心して自分を解放できる場所を求めて継続的に集まる＝人流が発生し、そこに通う人の繋がりから連鎖的に出店され、今の桜坂の賑わいが生まれたのでしょう。

そう考えていくと、全国に散らばるシャッター通り商店街は、可能性の塊だと考えられます。下がりきった家賃の不動産情報を市場に流してしまえば、低コストで店舗を出せるので希望者が集まってきます。そして、新しいお店を中心に人流ができるかどうかは、「ショッピングモールに負けない魅力があるか」とか「危機感を持って新しいことに挑戦する企業家精神があるかどうか」ではありません。同じ趣味やライフスタイルを有する人たちが安心して、心地よく感じる街へと再生できるかどうかに掛かっているのではないでしょうか。

だとすれば、ライフスタイル企業家を一人でも受け入れ、増やしていくことが、より良い社会を生み出していく第一歩になるのでは……そういうことを、那覇の夜に考えてしまいました。

本章の執筆に際して様々なアイディアを提供していただいた木村隆之先生（九州産業大学）は、２０２２年10月13日に急逝されました。筆者とともに「そこそこ起業」を我が国で確立しようと活動していた、在りし日のお姿を偲びつつ、ご冥福をお祈りいたします。

第6章

伝説のカーショップでわかった「起業がもたらす幸福」

車が男の子の夢だった時代

車を持つことが、男の子の共通の夢だった時代が確かにあったと思います。ひょっとしたら、私（１９７４年生まれ）の前後が、その最後の世代なのかもしれません。団塊ジュニア世代は物心がついた頃にはスーパーカーブームでミニカーを集め、思春期の頃にはバブル景気で各メーカーが四半期おきに新技術をコレでもかと搭載した新車を発表していた時代なのだから無理もありません。今では信じられないかもしれませんが、30年ほど前は男友達が集まってダベっているうちに、将来乗りたい車について語り合うことが日常でした。

「はぁ、シトロエン？」

私が大学生の頃、車好きの友人たちの家で宅飲みしている時に、いつものごとく就職したら買いたい車の話題で、私が好きな車を告げると場が騒然としました。

「直列4気筒の2000㏄で150馬力くらいしかないぞ？」

「僕が欲しいのは初期型なんで、SOHCの直4で120馬力くらいだね」

インターネットはもちろんなければ、手元に資料も何もないのに、エンジンの形式から最大出力まで頭に入っていて、スラスラ出てくるのも時代です。車好きは新車が出ると、自動車雑誌やディーラーのパンフレットを、隅々まで読んでいたものです。

「1・5トン近くあるから、走らんぞ？」

「200馬力以上あっても、日本で走れる場所ないやん」

「悪いことは言わないから、せめて後期型のV6の3000㏄のにしとけ。190馬力出るし」

「別にエンジンにも馬力にもこだわりないし。僕は、ハイドラクティブ搭載車に乗りたいの」

友人は「あ〜」としばらく唸った後、「ショップは慎重に選べよ」と苦笑しました。

自動車もモデルチェンジを重ねるたびにエンジンはより大きく力強く、装備はより豪華になっていた時代に、性能も装備も一世代以上古い外車に乗りたいという人間は相当の物好きです。その中でも、「だめだこりゃ」と変わり者を通り過ぎて変態扱いされるのが、「ハイドラクティブ」というキーワードでした。

シトロエン・エグザンティア。

この時、私が「乗りたい」といった車です。

友人が苦言を呈したように、動力性能も車内装備も同グレードの国産車と比べて一枚も二枚も落ちてしまいます。ちなみにこの車は、『カリオストロの城』でクラリスが運転していたことでも有名な2CVのような旧車ではなく、当時はバリバリの現行ラインナップで売り出されている車でした。ちょっとwebで画像検索をすればわかると思いますが、デザイン的にも端整ではありながら、当時の基準でも地味で格好良いとは言い難いものです。少なくとも、20歳そこそこの若者が、好んで乗る車ではありません。

そんなエグザンティアのどこに私が惚れ込んだのかというと、世界でこの車にしかない「ハイドラクティブ」という特別なサスペンションが搭載されていたからです。

自動車のサスペンションは基本的に金属バネの弾性を利用して、車の姿勢を安定させています。それに対して「ハイドラクティブ」は、油圧と窒素ガスの圧力を利用して、車体の姿勢をコントロールするという特殊な仕組みを持っていました。路面の凸凹は油圧とガス圧の双方で衝撃を吸収するだけでなく、ハイスピードのコーナリングや急ブレーキを踏んでも車体は限りなく水平の状態を保ち、ロールは最小限に抑えられます。更に、高速道路ではスポーツカーレベルまで車高が下がり、林道ではオフロード車レベルまで車高が上がるという、あらゆるシチュエーションでベストの走行性能を発揮する夢のサスペンションなのです！

そんな夢のサスペンションを搭載しているエグザンティアに乗りたいという私に、なぜ友人は「あ〜」という反応をしたのか？

油圧とガス圧でコントロールするフランス車という時点で、不安を感じますよね？

その通りです。当時、ハイドラクティブ（先代のハイドロニューマチックを含む）搭載のシトロエンは扱いが難しいことで有名だったのです。有り体に言うと、とにかくオイルが漏れる！

しかも、ハイドラクティブはサスペンションだけでなく、ブレーキとパワステにも連動しているので、オイル漏れが起きたらハンドルが重くなり、ブレーキが利かなくなる！

更にハイドラクティブはシトロエンしか取り扱っていないので、壊れても修理が難しい！　というか、正規ディーラーでも修理できない時があったりする！

というわけで、シトロエン車に乗ろうとする人は、そんな特異なメカニズムに惚れ込んでいる、「説得しても無駄」な変人という扱いだったのです。

京都の外れに、伝説のカーショップがある

あの夜から10年ほど過ぎた２００５年、私は京都の郊外、伏見城にほど近い山中の住宅街を抜けた奥深くにある、小さなカーショップを訪れていました。当時、沖縄大学から滋賀大学に移籍し、京都に居を構えたことを知った友人から、「界隈では伝説のショップがあるから、印鑑と通帳をもってすぐに行け！」と紹介されたのです。

こんな所に、本当に伝説のショップがあるのか？　ホームページには、たしかにこ

の辺りにお店があったのだけど……。

伏見城の城下町の区画をそのままに迷路のような住宅街の道を抜けると、山肌に張り付くように切り開かれた駐車場が目に入りました。

「うわ、ＢＸ、ＣＸ、ＤＳ……うわぁ、ＡＭＩもあるやん！」

本当に山を切り開いただけの、舗装もされていない駐車場には、好きな人にはたまらないシトロエンの名車（迷車）が所狭しと並んでいました。しかも、露天で駐車しているのにもかかわらず、明らかにパーツ取り用の車とわかるもの以外、ピカピカで良コンディションでした。

「ようこそいらっしゃいました。何をお探しですか？」

20年前でも走っているのをほとんど見ることがなかったシトロエンの旧車群を前に、外装や内装の状態を見るだけでは飽き足らず、地面に這いつくばって足回りまで見ていた私は、どう考えても不審者だったと思います。

そんな私を驚くこともなく、柔らかな京都弁で迎えてくれたのが、その後10年近く付き合うことになった、アウトニーズの先代社長さんでした。

会社がなくなることから始まる、そこそこ起業

「クサンティア（フランス語ではエグザンティアをこう発音します）なら、事務所の方に置いてますので、せっかくなのでどうぞ」

京都にある伝説のショップ、ということで一見さんお断りの敷居の高いお店じゃないかと警戒していたのですが、そんなこともなく社長さんは非常ににこやかに私を事務所に招いてくれました。事務所とはいっても、手作りのコンテナハウスのような建物が一つに、二台分の整備スペースがある小さなショップでした。その事務所の前には、先の駐車場に置かれていたものより少し年代の新しいシトロエンが一通りディスプレイされていました。

「一瞬、泥棒か何かかと思ったのですけど、明らかに車が好きそうな人だったので、

声をかけさせていただきました」

笑いながら話し始めた社長さんなのですが、一通り在庫のエグザンティアの紹介をした後は、セールストークらしきものをすることもなく、そこから2時間ばかりクルマだけでなく、バイクの話や釣りの話など、お互いの趣味についてあれこれ話に花を咲かせてしまいました。初対面でこれだけ話をしてくれると、経営学者の血が騒ぎます。なんで京都の中心部から離れているだけでなく、最寄り駅からも遠いこの場所に、シトロエンの専門店を開いたのか話を聞いてみました。

「昔、勤めていた会社が……知ってはると思いますけど、シトロエンは国内の取り扱いディーラーがゴタゴタしましてね。それで、いろいろあったんですわ」

当初は西武自動車販売で日本国内での販売を開始したシトロエンなのですが、その後に同時並行でマツダでの取り扱いも開始され、更に販売不振などの影響から販売そのものが一時ストップした後に、直営の正規ディーラーが設立されるなど、販路が二転三転しました。

販売店に勤めていた社長さんも、この二転三転する状況の中で、会社の経営方針がより販売台数重視の方向に変わってしまい、シトロエン＝外車に乗ることを十分に理解していないお客様からのクレームなどで、ストレスを感じていたそうです。

「結局、会社の方針に振り回された挙げ句に、シトロエンを続けられなくなって。そうしたら、私もメカニックも路頭に迷ってしまうだけじゃなくて、シトロエンが好きなお客さんにも迷惑をかけてしまうじゃないですか。それでハゲるほど思い悩んだ結果、思い切って会社作ることにしたんですわ」

営業マンだった社長さんは、勤務先がシトロエンの取り扱いを止めたことを機に、メカニックの方々と一緒にこの会社を、文字通り一から手作りで立ち上げました。シトロエンという車に惚れ込んだお客様と、自分たちの場所を守るための決断だったそうです。

「こんな山の中だから、ドライブ中に見て思いつきでお店に入って買っちゃう人はほとんどいないんですよ。いろいろ雑誌にも紹介されていますけど、ありがたいことにシトロエンが好きな人は、どこからか情報を拾ってうちに来てくれるんですよね」

社長のおっしゃるとおりです。私もその一人でした。当然のごとく、会社設立の経緯も含めて一通り話を聞いた後、そのままエグザンティアの契約を済ませてしまいました。半日近く、このお店にいたでしょうか。

そのエグザンティアは7年ほど乗り、13万キロまで走行距離を延ばしました。「国内のエグザンティアではおそらく最長の走行距離」までたどり着き、「世界記録の22万キロを目指しましょう」と話していたところで、ギアボックスそのものが故障して泣く泣く廃車となりました。ちなみに、恐れていたオイル漏れがあったのは一回だけで、ギアボックスが壊れるまで故障らしい故障は一切ありませんでした。

起業で幸せ（Well-being）を得るには？

「あの時は悩みましたけど、今となっては本当に正解で。こういうお店にして、お客さんもシトロエンが好きな人しか来ないですし、そういうお客さん相手ですとメンテナンスや修理の方針と価格も納得して決められますし、ノーストレスですわ」

初めての出会いから二年後の一回目の車検の際、外車ゆえに高い整備費用を覚悟して請求書を見た時、整備内容に比べて意外なほどに安価だったのを驚いた私を見て、社長は本当にいい笑顔で、そう言いました。

最近、久しぶりに自宅の近所でかつて私が乗っていたのと同じ型式のエグザンティアを見て社長の笑顔が脳裏に浮かび、ふとウィクルンド（シラキュース大学）たちが２０１９年に書いた以下の論文のことを思い出しました。

Wiklund, J., Nikolaev, B., Shir, N., Foo, M. D., & Bradley, S. (2019). Entrepreneurship and well-being: Past, present, and future. Journal of Business Venturing, 34(4), 579-588.

これは「Journal of Business Venturing」というこの分野のトップジャーナルの特集号の巻頭論文なのですが、テーマは起業と幸福な人生（Well-being）の関係です。

ベンチャーや起業というと、株式上場後に一夜にして総資産が億単位に増えることや、雇用やＧＤＰにどれだけ貢献しているのかや、売上高や純利益の成長率で評価されてきました。それこそ、つい数年前まで国内の学会で私が研究報告すると、「その事例の対象になったベンチャーのうち、上場している会社は何社か？」と質問され、「全て未上場です」と答えると「それはベンチャーではない！」と反論（私にとってはイチャモンに思えたのですが）されるのが、当たり前の風景でした。

その学会の現状に風穴を開けたのが、この特集号でした。ウィクルンドたちは、なぜ人々が起業を選択するのかについて、そもそも思い通りに成功するとは限らないのであるから、経済的な成功・失敗を基準に考えるのは不十分ではないかと指摘します。そして、起業という行動から得られる幸福を新たな尺度として見ていくことで、この行動が企業家のみならず、家族や取引先、お客様といったステークホルダーの幸福に広がるという視点を持つことの重要性を強調します。

この特集号では、ウィクルンドの呼びかけに応えて「幸福度」を測定するいろいろな尺度を検討して起業がもたらす幸福について議論しているのですが、私から一つ注文をつけるとすれば起業から「幸福」を得るために適切な規模をいかにコントロールしていくのかという視点が抜けていることです。

それこそ、シトロエンが好きで、長く乗りたいお客様を「選べる」規模を維持するため、社長は京都の山深くに、気心の知れたスタッフと共に手作りの事務所を構えました。

売上を求めるなら、もっとアクセスの良い立地で起業すべきだったでしょう。しかしそれでは、かつて社長を悩ませた「ストレス」からは解放されないのです。心からの笑顔で家族やスタッフ、お客様と接することを理想として、いかに経営規模や売上を自制的にコントロールしていくのか。

近所のエグザンティアが、都内のちょっとした路面の凸凹に反応して派手に車高が上下している様子を見て「整備状況が良くないなぁ」と思いながら眺めつつ、「そこそこ起業」にとって一番大切なことは何かを改めて考えさせられました。

第7章

キッチンカーでラーメン屋？屋台が人間を解放してくれる理由

ないのなら、作ればよい！

私は大学時代を北九州市で過ごしたこともあり、豚骨ラーメンにはちょっとうるさい。多くの関東在住の九州出身者の方には同意してもらえると思うのですが、東京の豚骨ラーメンは弄（いじ）りすぎて、もはや別物になっていることが多いのです。もちろん、東京にローカライズされた豚骨ラーメンも美味しいのですが、青春時代を小倉で過ごした体が、もっとプリミティブな豚骨スープを求めてしまいます。

食べられないなら、作るしかない。東京に勤務して10年目の今、気がつくと自宅に寸胴鍋があり、精肉店を巡り歩いて質の良い豚骨や豚ガラ、背脂を手に入れてはラーメンを自作するようになりました。素人料理とはいえ、ネットで検索すれば同好の士のレシピはたくさん見つかりますし、それを参考に試作を重ねていけば、それなりに美味しいものを作れるようになります。今では、豚骨ラーメンを中心に、大好きな二郎系から濃厚の煮干し系ラーメンまで、いろいろ作れるようになりました。

さて、ラーメンを自作していて困るのが、作りすぎたスープをどう処理するかです。

豚骨や背脂は1キロ単位で買います。そもそも、1キロ単位じゃないと売っていないのです。1キロ単位の材料が入る寸胴も当然大きくなる。スープもたくさんできるのですが、これが日持ちしない。豚骨や鶏ガラスープだと2日くらい、魚介系のスープは翌日には味が落ちてダメになります。冷凍保存という手もあるのですが、作りたてのフレッシュなスープがやはり一番美味しい。

だったら、少ない材料で、食べ切れる分だけ作れれば良いのですが、材料を半分にして作ると味がなぜか落ちてしまいます。スープは大量に作る方が美味しいからと、一人では食べ切れない量を作ってしまい、友達やゼミ生に振る舞ったりしています。

「旨すぎて、1ヶ月くらいラーメン欲が消えた」

コロナが猛威を振るいはじめ、一回目の緊急事態宣言で外食がままならなくなった際に、ラーメン二郎好きの友人のために、私が作った二郎系ラーメンを食べた友人の発言です。旨くて当然。お店で売るつもりがないので、コストと手間を度外視で作っていますから。食べてみたい人は、東京都立大学に入学して高橋ゼミに入るか、どこかで私と出会って友人になってください。

ラーメンの自作を繰り返し、友達から「美味しい」と褒められるようになると、豚骨ラーメンを食べたいという当初の欲求とは異なる、別な欲求がムクムクと湧いてきてしまいます。

美味しいラーメンをいっぱい作って、誰かに食べさせたい！

そんな欲求を抱えて悶々としていたところ、一つの出逢いがありました。友人が子供と一緒にキャンプをするためにキャンピングカーを買ったのを見て、それは良いなぁと私も釣りに使えるキャンピングカーを探しているうちに、私の欲求を満たしてくれるかもしれない車を見つけたのです。

それは、キャンピングカーの定番であるハイエースをベースとしたキッチンカーです。10万キロ走行と距離は少々走っていますが、値段は諸費用込みで１２０万円ほど。よく探すと、軽自動車の中古キッチンカーなら50万円ほどから入手可能です。

瞬時に、私の脳内でソロバンがパチパチと弾かれます。

改装込みで２００万円も出せば、結構立派な車中泊機能付きのキッチンカーを手に入れることは可能です。今のところ、ラーメン10杯分の原価は４０００円くらい。１杯５００〜８００円で、20杯くらい売れば元は取れそう。売る場所は、船宿がある港の駐車場がいいな。朝４時とかに出船してお昼過ぎに帰港するから、温かいラーメンはお昼ごはんにちょうどいい。よく行く港の釣り船は十数隻あって、土日は満員になるので港には数百人の人が出入りするから、出船前と帰港時に開店すれば30杯分くらいは売れるよね……上手くやれば、釣り船の船賃と移動のガソリン代、車検費用くらいは稼げるかも？

「ラーメン高橋」の夢、頓挫する

なぜ、私がキッチンカーでラーメン屋をやろうと思ったのか？

「いっぱい作って、みんなに食べさせたい」という欲求があるからというのも確かですが、キッチンカーだと飲食店が潰れる最大の原因である固定費が大幅に削減できるからです。近年でも、芸人プロデュースの焼肉屋の高すぎる家賃と設備投資費が話題になりました。大きな店舗を借りて、店の規模に合わせて設備投資を一回やってしまうと、それを回収するまで撤退することもできないという地獄が待っています。

ところがキッチンカーなら大した設備投資も必要ないし、最悪、営業に飽きたり面倒になっても撤退は簡単で、車自体は自家用車として利用可能です。どうせ車を買い換えるつもりならこれでいいじゃん！　その経験をもとに、「そこそこ起業」の論文も一本かけるので一石三鳥！　じゃあ店名は、「ラーメン高橋」でやってみるか！

そう考えた時期が、私にもありました。
いざ、実際にやろうと調べていくと、最低でも以下の手続きをクリアせねばならないようでした。

①食品衛生責任者証の取得……各自治体で開催されている食品衛生責任者養成講習会（合計6時間）を受講し、テストをクリアすれば取得できます。これは何とかなるでしょう。

②出店場所の確保……屋台・キッチンカーで営業する場合、地権者と行政から許可を得る必要があります。法律上、営業できる場所が決められているようなのですが、どこが出店可能かの情報がなかなか見つからない。漁港の中で屋台を出しているケース

を見た記憶がないので出店禁止地域なのかもしれないし、出店可能だとしても地権者に許可を得ておく必要があるでしょう。私の場合、漁協に相談すればいいのか、それとも漁港は自治体の持ち物だから行政に許可をもらう必要があるのでしょうか？

③屋台・キッチンカーの営業許可の取得……何とか出店場所を決めることができたとして、出店予定地の保健所に届け出をして、審査をクリアしてようやく許可を取得することができます。この許可基準は提供メニューによって、給水タンクのサイズから車内のシンクの数まで細々とした規則があるようで、キッチンカーを作る前に保健所にいろいろ相談したほうが良さそうです。

④仕込み場所の設置と営業許可の取得……実は、キッチンカー内で食材を加工することは、異物混入や衛生管理のため禁止されています。ラーメンのように様々な仕込みが必要な食品を提供するためには、「固定の店舗や施設」の営業許可を取得せねばなりません。つまり、自宅以外に作業場になる場所を借りなきゃ駄目です。

手続きの煩雑さについては、根気強さと気合の問題でしょうし、最悪、手続きを代行してくれる業者さんに依頼しても良いでしょう。ただ、どうにもならない壁が、②出店場所の確保と、④仕込み場所の設置です。この際、営業可能な場所が少ないのはどうしようもないと受け入れ、「どこだと出店可能なのか」についてはおそらく役所に行って担当部局に問い合わせて、出店場所の地権者なり責任者に問い合わせて交渉せねばなりません。そして出店先を確保できてようやく、営業許可を取るためにどういうキッチンカーを作る必要があるのかについて、行政に相談することができます。

このような様々な困難を経て、出店場所を確保した後に大問題となるのが、仕込み場所を設置した上で、営業許可を取る必要があることです。どうやら、衛生管理が可能な自宅以外の固定の施設を用意しなければならないようです。

確実かつ手間を省いてキッチンカーを営業するなら、出店可能な場所で車一台分くらいの土地を購入してキッチンカーの営業許可を取り、仕込み場所を自宅と別に用意してそちらでも営業許可を取るという形になりそうです。

あれ、これって、普通に固定店舗の飲食店を開業するより、コストがかかってしまうのではないでしょうか？

こうして、「ラーメン高橋」の夢は、儚くも潰(つい)えたわけです。

屋台は人を解放してくれる

設備投資はビジネスチャンスを広げ、利益の拡大をもたらす一方で、倒産リスクも高めていきます。ライフスタイル企業家の論文の多くが低投資を強調するのは、それだけで倒産の可能性が減り、少ない売上でも十分な利益を得られるからです。低投資のビジネスは、生存という面で、実は「強い」のです。

僻地や街の中心部からちょっと外れたところの、個人経営の食堂や町中華のお店ってありますよね。格別美味しいわけでもない普通の食堂なのに、下手すると親子三代で通っている常連さんがいるくらいの老舗だったりします。こういうお店は、コロナ禍の影響で大手の外食チェーン店が店舗整理を迫られている中でも、しぶとく経営を続けています。

実はテナントではなく自前の物件で職住一致の経営＝低投資の事業体であることが、生き残りという点で強みになっているのです。そう考えると外食に限らず、低投資で起業し、経営できるということは、それだけで私たちに持続可能な生活を担保してくれるありがたい存在であると考えられます。

この低投資・低成長の飲食店経営は、最近の研究で意外な角度から注目されています。

Yanto, C., 2017. Social entrepreneurship as emancipatory work. Journal of Business Venturing, 32(6), 657–673.

「Journal of Business Venturing」という企業家研究のトップジャーナルで、ヤント（香港城市大学）が２０１７年に発表したこの論文は、インドネシアのイスラム過激派をカフェの経営者として独立させていく、社会復帰プログラムに注目します。イスラム過激派に限らず、犯罪者の社会復帰がなぜ難しいのかというと、その経歴のせいで一般社会から排除され、就職できないからです。

折角、「カタギとして生きていく」と決心しても、ろくに就職もできず、何とか就職しても過去をほじくり出され、気がつくと元のヤクザな生活に戻ってしまう。なぜなら、裏稼業の世界だけが、自分を受け入れてくれる大切な場所だから――日本のヤクザ映画でも繰り返し取り上げられるモチーフですが、あれは現実の社会で起こっていることの反映でもあるわけです。

だから、「前歴に関係なく、新しく生きていける場所」を用意していこう、というのがこの社会復帰プログラムの狙いであり、そのために東南アジアでは低リスク・低投資で起業可能なカフェ経営が選ばれたわけです。この調査結果から、ヤントは起業には、私たちを取り巻く、いろいろなしがらみ――イデオロギーからの解放という重要な機能が見落とされてきたと指摘します。

タイやインドネシアといった東南アジア諸国を旅行すると、多様な屋台で街が賑わい、観光名所にもなっている光景を目にすることが多いと思います。日本と比べるとこれらの国は法制度も社会保障も不十分なのですが、同時に、規制もゆるく簡便な手続きで屋台を出せる環境にありますし、失業や不幸な事故などで稼ぎを失った人たちを屋台の経営者として自立させる半商業的なコミュニティが各所に点在し、見えざる社会インフラとして機能していたりします。

いわば屋台が、何らかの不幸な出来事で社会から排除され、行き場を失い、一歩間違えれば裏社会の住人として生きていくしかないという地獄みたいな環境から、人々を解放してくれているのです。そう考えると、不運なリストラなどで長年勤めていた会社を解雇されるだけで、子供の養育費や住宅ローンの支払いで首が回らなくなり、年齢と学歴・職歴によっては再就職すらままならない日本と、「いざとなれば屋台を引いて生きていける」と思える東南アジア諸国、どっちが幸せな社会なのかわからなくなってきます。

もちろん、私も直面した、キッチンカーや屋台の出店をめぐる様々な規制は、安全な食の提供や治安の維持の観点から必要不可欠であることは理解しています。同時に、複雑怪奇な手続きと許認可のメカニズムが、我々をサラリーマン生活に縛り付け、多重のリスクを背負う形でないと起業が許されず、結果として人々が会社や組織に頼らず生きる力を奪ってしまっている、という見方もできます。

「そこそこ起業」が認められる社会のためには、「どうやっても生きていける」という人間が持つ野生の感覚を取り戻すとともに、そういう野生の感覚を基盤にした制度設計が求められると思います。とりあえずは、簡便な手続きで屋台やキッチンカーを出せる場所を用意するだけで、人々の生き方も地域のあり方も大きく変わると思うのですが、いかがでしょうか？

第8章

山で生きる祖父が体現していた、本当の意味での「稼ぐ力」

祖父の謎

今ではダムの底に沈んでしまっていますが、四国山地の山深く、愛媛県と高知県の県境付近に位置する富郷村に、私の父親の実家がありました。私は物心ついた頃から小学生の間、月に1、2回は父に連れられて祖父の家に遊びに行っていました。

「朝だぞ、起きろ！」

確か小学校1年生の頃です。祖父の家に泊まった夏休みの早朝、山で遊び疲れて熟睡していた私を呼ぶ声が聞こえました。

祖父の声だと思いましたが、同時になんか鼻の周りがくすぐったい。瞼を開けると、目の前に茶黒い何かが這いずり回ってました。

「うぉっ！　何？」

跳ね起きた私を見て、祖父は笑いながら言いました。

「みーくん、よく見てみろ」

今も昔も、小学生の夏のアイドル、立派なオスのカブトムシでした。

前日、同年代の従兄弟たちと網を片手にカブトムシやクワガタムシを探して、空振りしたのを祖父は覚えていたのでしょう。カブトムシを採って来てくれたのです。

「ほれ、虫かごに入れとけ」

祖父は竹で作られた自作の虫かごを私に渡して、満足げに山に入っていきました。

この時の祖父は、作業服の上下に鉈とザイルを腰からぶら下げていました。おそらく自分の山林で枝打ちか下草刈りをしている時にカブトムシを見つけて、手づかみのまま私のところに持ってきたのでしょう。私がこのカブトムシを持ち帰って、寿命で命尽きるまでのひと夏、大事に飼ったことは言うまでもありません。

この祖父は明治末期の生まれで、第二次世界大戦にも徴兵され、歩兵として中国大陸に渡り、いくつかの勲章も授与された軍人でした。父にとっては、明治生まれの軍人出身者らしく厳しく怖い人だったそうですが、孫である私にとっては、父と並んでアウトドア（山）での生活と遊びを教えてくれる師匠のような人でした。

早春には筍や山菜採りと畑作り、夏はお茶摘みや川での渓流魚取り、秋から冬にかけては畑でサツマイモや柿を収穫して、保存食の干し芋や干し柿作り。祖父にとっては毎年繰り返している生活サイクルの一つでしかありませんが、それをそばで見て、時々手伝わせてもらうだけですごく楽しい。納屋には農具だけじゃなく狩猟用の罠やマムシの入った酒瓶、自作の水中銃まで無造作に置かれていて、それを弄っていると「コラっ！」と怒られた後、ウサギを捕るための罠の仕掛け方や、アマゴや鮎の突き方を教えてくれたりしました。

小さな頃の私は、祖父が「ロビンソン・クルーソー」的な自給自足の生活をしている人なんだと思っていました。ただ、小学校も高学年になるくらいの頃には、それはありえないとわかるようになります。山の実家では電気もプロパンガスも使われていたので、その代金を支払わなければなりません。そもそも私を含めた孫たちは、お正月になると祖父からお年玉をもらっていました。

父の実家の居間には、祖父が第二次世界大戦時の軍服姿の写真と勲章がいくつかあったので、軍人年金で自給自足しつつ悠々自適の生活をしていたのかというと、それもおかしい。

というのも、「はじめに」に登場した私の父は、終戦した年に生まれた10人兄弟の三男です。少なくとも、終戦後から10人兄弟の最後の一人が独り立ちするまでの数十年間、祖父と父の兄弟たちは富郷村で稼いでいたはずなのです。

山で「生きていける力」＝「稼ぐ力」

「まぁ、いろいろじゃな」

小学校6年生の頃、思い切って「おじいちゃんの仕事って何なのか」を聞いてみたところ、祖父が困ったなぁという感じで、しばらく唸ったあとに出た答えがこれです。

「じいちゃんもワシも、山だったら生きていけるんよ」

すぐそばで話を聞いていた父が、笑いながら答えました。

「まぁ、そうじゃな。みーくんも、どこでも生きていける力を勉強せなあかんぞ」

祖父はそう言いつつ、お手製の番茶を啜っていました。

祖父の言う「どこでも生きていける力」というのは、「社会」を意識し始めた12歳の少年であった私にとって、大問題に思えるパワーワードです。ましてや、「山だったら生きていける」なんて聞くと、どうすれば良いのか、余計に気になります。

帰り道の車内で父に、「山でいろいろやって、生きていく」ということがどういうことなのかを聞いてみたのですが、これがどうにも要領を得ません。例えば、父が私と同じ年の頃、山を切り開いて畑を耕していた話、テレビを買うために兄弟総出で木炭作りをした話、食べられる山菜と食べられない山菜の見分け方の話などなど、いろいろな話を聞かせてくれたのですが、それが「どこでも生きていける力」にどうつながっていくのかがわからない。

「じいちゃんもワシも、ナイフ一本あったら山で生きていけるからな」

父は最後にそう言いましたが、祖父は元軍人、父親は180センチオーバーのマッチョだったので、小学生の私には、ランボーのようにならないと、山では生きていけないと思えました。

それから40年以上の時が過ぎ、首都大学東京（現東京都立大学）の准教授に着任していた私は東京都檜原(ひのはら)村を訪ねていました。当時、地域活性化と社会企業家をテーマにフィールドワークを続けていた中で、東京都の木材で高性能住宅を提供するTOKYO WOOD普及協会に出会い、木材を提供する山主の方にインタビューをお願いしていたのです。

都心部から1時間半ほどの距離にある檜原村ですが、現代的な小洒落た部分もあるものの、かつて私が通っていた祖父の実家とどことなく雰囲気が似ていました。山主さんの自宅も、敷地内にコテージやBBQスペースがあったりするのですが、庭に松やツツジが植えられ、木炭を作るための窯があったりします。建物の現代的な部分を抜いてしまえば、本当に祖父の家とそっくりでした。

「車で走っていると、あちこちでツツジが植えられていますけど、このあたりで流行っているのですか？」

一通りインタビューを終えた後、檜原村を訪れるまでの間、あちこちで目についたツツジについて山主さんに尋ねると、意外な答えが返ってきました。

「昔、ツツジが流行って、売れていたらしいよ。だから、その時期にあちこちでツツジを植えたんだよ」

この山主さんの一言から、40年越しの疑問が氷解しました。そういえば、祖父の家の庭にも、ツツジが大量に植えられていたのです。

高度経済成長期に住宅需要が爆発した頃、国産の杉やヒノキの木材は飛ぶように売れていました。その頃は、角材一本が平均的な労働者の日当一日分で売れたと言われています。多くの方がイメージするように、山で生きる人たちは自前の山林を伐採して木材を出荷し、植林していくことで「稼いで」いました。

しかし、多くの木造住宅が外国産材を利用するようになった1980年代には、林業自体は「稼げない」仕事になりつつありました。その時、山主さんたちはどのように生活していたのかというと、ツツジのようにその時々で山で採れるものや、育てられるものを見つけては、現金収入に替えてきた訳です。「まぁ、いろいろじゃな」という祖父の言葉は、ほんとうに「そのまま」の意味だったのです。

「この10年は木炭が売れているね。都内には炭火を売りにしている焼鳥屋や焼肉屋が増えてきたから、少しこだわりのあるお店だと良質な木炭を欲しがるんだよ」

山主さんは、炭焼き窯を指さして、そう言いました。幼い頃祖父の実家で見たものと同じ型の炭焼き窯の横には、出荷を待つ木炭が積み上がっています。

実は我が国で全国の家庭にガスが供給されるようになったのは、1970年代後半からです。それまで、家庭の主な熱源は木炭と薪でした。父が話してくれたように、その頃は確かに、間伐材を利用して木炭を作って売れば高級品のテレビが買えるくらい「稼げた」のです。

各家庭にガスが普及すると、木炭ビジネスは廃れてしまいました。しかし、時代と状況が変わって、また売れるようになると、檜原村の山主さんたちは木炭を焼き始めています。山主は林業だけで生きているという固定観念が、山から得られるいろいろな資源を稼ぎに替えて、そのミックスで生活していくという、当たり前の行動を見落とさせてしまっていたのです。

山が「一番快適な状態」を教えてくれる

キャンプ好きの芸人が自前の山を購入したことから、一般のアウトドア好きの方にも、山林を購入する人が増えつつあります。

とはいえ、山林は保有しているだけで固定資産税がかかりますし、伐採や林道の整備などをマメに行わないと、キャンプで利用するのも困難なジャングルになってしまいます。山林の購入価格は意外に安いので手を出したけど、コストばかりがかかってしょうがないから手放そうとしたら売れずに困っている、という人も出てきているようです。

他方で、実際に自分の山に住んでいる山主さんの多くは、自分の山林を手放すことなく、大事に手入れを続けています。「先祖代々受け継いできた山だから」、「山を維持することで水資源と景観が維持されるのだから」とロマンや理念に基づく美談で語られることも多いですが、ロマンではお腹は膨れません。大事なことは、山と上手く付き合い、生きていくのに必要な分のお金を、山から稼いでいくことです。

じゃあ、山と上手く付き合うということは、どういうことなのでしょうか？　そのヒントをくれるのがピーターズ（インスブルック大学）らの、２００９年の論文です。

Peters, M., Frehse, J., & Buhalis, D. (2009). The importance of lifestyle entrepreneurship: A conceptual study of the tourism industry. PASOS. Revista de Turismo y Patrimonio Cultural, 7(3), 393-405.

企業家がなぜイノベーションから利益を得られるのか。簡単に言ってしまうと、今まで利益を生み出す「価値」とは思われていなかったモノを、「こんな利用価値があるよ」とサービスや製品という形で提示していくからです。この意味で、企業家は私たちの日常世界と、生き馬の目を抜くような利潤の奪い合いをしている市場との境界に位置して、「新しく売り込めるもの」を日常世界から市場に持ち込むブローカー的な役割を果たしているといえるでしょう。山主さんたちは、山で育まれる様々なものを、市場に持ち込んでいくことで「稼ぐ」企業家であると言えます。

その上でピーターズらは、近代的・合理的な経営手法の拒絶がライフスタイル企業家に共通する特徴であると指摘しています。「はじめに」で書いたように、起業してある程度稼げるようになると、当然、商売仲間や投資家、銀行から「もっと稼げるから、投資して事業を拡大しないか？」という誘いも多くなってきます。

ライフスタイル企業家は、これを「罠」だと考えて拒んでいきます。投資を受けて商売の規模を大きくしていくと、投資家や株主、取引先やお客様に対する責任もどんどん大きくなってしまう。従業員を食わせるために、同業他社と競争して市場シェアを拡大していくことも求められてしまう。そうこうしているうちに、売上高の増大と引き換えに、自分の「稼ぎ」の基盤となっていた趣味や生活スタイルそのものが壊されてしまいます。

もちろん、日常世界と市場との接点を維持しておかなければ、「稼ぐ」ことはできません。そこでピーターズらは、ライフスタイル企業家は生活の質と稼ぎがちょうどよくバランスするところが「一番快適な状態」であると判断して、意図的に成長も競争も放棄すると結論づけています。

ところが、生活の質と稼ぎのバランスをとるというと、当たり前のことだと思えますがこれが難しい。私たちには程度の差こそあれ金持ちになってみたいという欲があります。市場の持つ魔力はその欲を刺激して、簡単に私たちを「稼ぎまくる」方向に駆り立てていきます。その先にあるのが、「仕事の充実と金銭的な成功が人生の喜び」と考える、一昔前の価値観であると言えます。

しかし、「そこそこ起業」の立場から言わせれば、それは市場という魔物に身も心も支配され、自分自身や周りの仲間たちまでを「資源」として食いつぶしながら、売上の拡大を精神的充実として錯誤していく修羅の道です。

祖父を始めとした山主さんたちが修羅道に落ちないのは、自分が「一番快適な状態」であるかどうかを確かめる、判断基準として山を持っているからです。山が生み出してくれる資源は有限です。儲かるに任せて山で採れるものを売りさばいていくと、すぐに再生不可能な状態の禿山になってしまい、生活が成り立たなくなる。

だから山で生きる人たちは「山を守れるか?」を判断基準に持ちます。いわば、「どれくらいの稼ぎが適切なのか」は、山が教えてくれるわけです。山から「何が売れるのか」を知っているだけでは半人前、「これくらいの稼ぎを維持しよう」と山と対話できるようになって初めて、「ナイフ一本あったら山で生きていける」と言える達人になれるわけです。

「そこそこ起業」を目指すにあたって、自分の判断基準になってもらえる外部と「対話」することは、すごく大事なことです。マーケティングや経営戦略が発達し経営手法が高度化していくに従い、「仲間」が「メイン顧客」や「顧客」、「競合相手」などの役割に変化し、「対話」の感覚は利益を求める「交渉」に入れ替わってしまいました。

「そこそこ起業」を上手くやっていくためには、私の祖父にとっての山のように、大事にしているお客様とか仲間たちなど「稼がせてくれる」全ての他者との対話が必要になります。その対話から自分にとって「一番快適な状態」を見出し、市場という魔物と「そこそこ」うまく付き合っていくことが必要不可欠なのではないでしょうか？

第9章

歌舞伎町の飲み屋にいる怪しいオジサンの「ニッチ」な儲け方

歌舞伎町で会ったオジサン

私はビールをジョッキで一杯飲むだけでギブアップ、調子に乗って二杯飲むと二日酔い確実というほど酒に弱いのですが、酒場は好きです。焼き鳥とかモツ煮とか、居酒屋じゃないと食べるのが難しい美味しいものもたくさんありますしね。

自宅から最寄りの街が新宿になってそろそろ8年目なのですが、当初は西口近辺をうろうろしていたのが、気がつけば飲む場合は歌舞伎町からゴールデン街の近辺に落ち着きました。チェーン店系の居酒屋でサラリーマンに囲まれて会社や上司の愚痴を聞きながら飲み食いしていると、どうにも尻の据わりが悪くなります。ましてや、おしゃれなバーで、周りでカクテルやワインを飲んでいる場にいると、なぜか場違い感が半端なくなってしまう。企業城下町で生まれ育った職人の息子で、大学時代は全国的にも治安が悪いことで有名な街で過ごしてきたからなのか、心のどこかで盛り場には猥雑さと緊迫感を求めてしまい、歌舞伎町方面に足を向けるようになったのだろうと思います。

歌舞伎町方面というと危険な街というイメージがありますが、１８０センチ近いプロレスラー体形が効いているのか、冬場は軍パンに軍モノのジャケットを羽織って、ワークブーツを履いて歩いている大学教員らしくない風体（街を歩いていると人波が割れる時があります）なのが原因なのか、幸いなことに私は酒場で絡まれたことはありません。

ただ、たまに話しかけられると「今日、拘置所から出てきた」とか、「病院から抜け出してきて、一杯だけ飲んで帰る（と言いながら、何杯もグラスを空けて帰る）」とか、「ホストにとんでもない金額つぎ込んだ」とか、こちらも反応に困る方の話が聞けるのも、この街で飲む魅力です。その夜に会った見知らぬ人から、経営学者として生活しているとまず見聞きすることができない話を聞けるのが面白い。

歌舞伎町方面に河岸を変えてしばらく経った頃に、メインの通りから少し離れた場所にあるモツ焼き屋で出会ったオジサンは、一味違う方でした。

「世の中には、意外に楽に稼げる仕事っていっぱいあるんですよね」

その日、私に話しかけてきたのは、50代後半の普通の……というよりは、立呑みのモツ焼き屋に馴染みすぎているオジサンでした。私は特に職業を明かしたわけじゃないのですが、脈絡もなく、いきなり変なことを言い出したのです。こういうところで儲け話を始める奴は、場所柄だいたいは詐欺師……と私は警戒水準だけを上げて話を聞いてみることにしました。

「へぇ、どんな仕事をされているんですか？」

「週三回くらい大事な人と会ってちょっと会議して、あとはメールを数本打つくらいですね、やらなきゃならないことは。それで今年は、２０００万円くらいの売上です」

（キタキタ！　ネットワークビジネス？　それとも不動産？）

妙に物腰が丁寧なのが、また怖い！

「おー、すごいですね。そんな夢みたいな仕事、あるんですか？」

とりあえずもっと話を聞いてみたいと思い、ちょっとだけ身を乗り出し気味に尋ねてみました。

手間なし、元手なし、繋がりだけで食える仕事を作る

「そこに看板のあるビルがあるでしょ？」

オジサンが指差した先にあるのは、斜向かいのビル屋上にある立て看板です。

「あぁ、あれ、オジサンのものなんですか？」

残念、単なる不動産オーナー親父の自慢話か……と思ったら、オジサンは首を横に振ります。

「いえいえ。私は一つも不動産を所有してませんよ。不動産で不労所得って、多くの人が安易に考えがちだけど、新宿でも最寄り駅から少し離れたら、3階以上の部屋はテナントがなかなか入ってくれないし、メンテナンスとか税金考えると、いつ赤字に転落するか心配事が尽きないですしね」

でもね……とオジサンはカップ酒を舐めつつ、相変わらず丁寧に話を続けていきます。

「あのような、小さなビルのオーナーは、少しでもリスクは減らしたいものなのですよ。そこに、ビルの屋上に広告出しませんか？って営業をかけたら、間違いなく一度は話を聞いてくれるんですね」

「ああ、なるほど。だから稼いでいるのに、こんなところで飲んでいるんだ」

「おぉ兄さん、よくわかったねぇ」

一見受け答えになっていない私の反応が、相当嬉しかったようで、オジサンはニヤリと笑いました。

「もともと私は印刷屋で、広告営業の仕事をしてまして。その時の人脈で、ビル広告を出したい広告主さんと、ビル看板を出したいオーナーさんを繋いでいるのですよ。だから、オーナーさんや広告主さんと会って話をまとめるのが週3日くらい。あとは、印刷会社とデザイナーにメールで発注して、出入金を確認したら仕事は終わり。ね、楽ちんでしょ」

最初は詐欺師、次は単なる自慢話かと疑ってましたが、その正体は、元手ゼロで楽ちんなビジネスを立ち上げた、なかなかやり手のオジサンでした。

株でも不動産でも投資するには少なくない元手が必要ですし、元本割れするリスクは常にあります。どんなに慎重かつ計画的に行っても、資産運用でＦＩＲＥできる人より、失敗する人のほうが多いのが現実です。

ところがこのオジサンの場合、持ち出しはゼロです。元印刷会社の営業という職歴で得た人脈で、物件のデッドスペース＝屋上にビル広告という付加価値を発生させて、不動産オーナーには広告収入を、印刷会社やデザイナーには仕事を発生させて、オジサンは手数料という形で生活費を得る仕組みを作ったのです。

「大通りに面した大きなビルの看板広告はそれ相応の広告費ですし、そこに広告出せる企業に繋げるのは、それなりの規模の広告代理店になりますよ。でも、よく見ると小さいビルで看板広告出せるところはまだまだたくさんありますし、そういうところは広告費が安すぎて大手は手を出さない」

「それで広告費が安ければ、看板出したい会社も出てくる、ということですね？」

そうそう。そういうことですと、オジサンは満足したようにカップ酒を飲み干して、もう一杯注文しました。

市場の「隙間」は簡単に見つけられる

「それで、こうやって飲みながら次の営業先を探しているわけですね？」

満足そうにカップ酒を飲むオジサンに、私は最後の答え合わせの質問をしてみました。

私の経験上、結構、こういう小さなビルの個人経営の飲み屋の店主がビルそのもののオーナーだったり、テナントの飲み屋にオーナーが飲みに来ることが結構あったからです。実は、オジサンは次の営業先を探すために、こうやって飲み歩いているのではないか、と看板広告ビジネスの話をし始めた段階で考えたわけです。

「兄さん、なかなか良いカンしているねぇ」

オジサンはこの日一番のいい笑顔をしてくれました。たまに、研究に直結するような、こういうイイ話を聞けるので、歌舞伎町やゴールデン街で飲むのはたまりません。

このオジサンは過去の勤務経験から得た広告業に関する洞察と人脈を利用することで、「週3日働くだけで年収2000万円」というビジネスを作り上げたわけなのですが、ライフスタイル企業家という観点から見直したとき、一つ見落としがちな重要なメッセージを伝えてくれていました。

ライフスタイル企業家は、趣味や経験をベースに自分のライフスタイルを楽しみながら維持するのにちょうどよい規模の起業を目指す（あるいは、意図的にその規模で成長を止める）、起業スタイルであると定義されてきました。

このライフスタイル起業を実現するにあたって、後述の文献が指摘しているように、ライフスタイル企業家は「ニッチ」を獲得して、自分のライフスタイルに共感する人たちを顧客として「柵の内側にとどまる＝Staying within the fence」必要性が提唱されてきました（第1章参照）。

しかし、その「ニッチ」を見つけるのが難しい上、その「ニッチ」が儲かるとわかったら他の会社が参入してきて競争になってしまう。実際、モリソン（ストラックライド大学）らの２００１年の研究のように、ライフスタイル企業家が切り開いたニッチに、新たな企業家や既存企業が参入していくことで新産業の創出とマクロ経済への好影響を期待する論文も登場しています。

Morrison, A. J., Andrew, R., & Baum, T. G. (2001). The lifestyle economics of small tourism businesses. Journal of Travel and Tourism Research, 1(1-2), 16-25.

しかし、そのような競争によって新産業が生まれることに注目してしまうと、「ライフスタイル企業家」という概念の意味合いが失われてしまいます。むしろライフスタイル企業家が、他の企業と競争を避ける「工夫」をいかに実践しているのかに注目する必要があるでしょう。

そう考えたとき、オジサンの「大通りに面した大きなビルの看板広告はそれ相応の広告費ですし、そこに広告出せる企業に繋げるのは、それなりの規模の広告代理店になりますよ。でも、よく見ると小さいビルで看板広告出せるところはまだまだたくさんありますし、そういうところは広告費が安すぎて大手は手を出さない」という発言は、「ニッチ探し」をする際にすごく重要な示唆を与えてくれます。

「ニッチ」は「差別化」ではない

オジサンがやっていることは、普通の看板広告ビジネスであり、それ以上でもそれ以下でもありません。ただ違うことは、大企業にとっては収益面で「旨味が少ない＝家賃が安い」場所を狙って広告を出しているだけです。大企業が手を出す意味のない「ニッチ」ですが、オジサンが自分と家族が生活するには十分に旨味のある仕事が、飲み屋街の中にはたくさんあったわけです。

そう考えると、起業を目指して具体的に事業計画の作成に取り掛かった際に、必ず頭を悩ませる「ニッチ」という言葉には、全く別の側面があったことに気づくはずです。私たちは、「ニッチ」を取るために、既存の大企業とは異なる新しい価値を提供しなければならないという、変な思い込みに囚われてしまっているのではないでしょうか？

本来ニッチ（niche）というのは、隙間という意味です。市場の中で自分が生きていくための隙間を探すのと、他の企業との競争に打ち勝つための価値を求めることは、根本的に次元が違う話です。私たちはいつのまにか、「ニッチ」という言葉に「差別化」を混在させてしまったことで、「大企業にも打ち勝てるベンチャー企業をどう作るのか？」と頭を悩ませてしまい、本当はシンプルに「そこそこ起業」できる機会を逃してしまっているのではないでしょうか？


大きな売上が見込めるところは、大企業に食わせれば良い。

大企業が食べ残したところを、自分が生活するための場所にすればいい。

そうすれば、ビジネスモデル的には既存企業の模倣であっても、生活するには十分な収入が得られるビジネスは簡単に作れてしまう。


オジサンがいい感じで酔っ払った頃を見計らって、「ビジネスのタネ明かしをして、競争相手が増えたらどうするのですか？」と尋ねてみました。

すると答えは、

「ビルはまだまだたくさんあるし、今の状態を維持するだけなら、私が死ぬまではどうにでもなりますよ」

確かに、目の前に広がるビル群の広がりを見れば、一人や二人、競争相手が増えても特に問題ないでしょう。

「兄さんがこの世界に入ってきたら、ちょっと怖いかな。少し話しただけで、ここまで見えちゃう人はなかなかいないよ」

半ばサービストークだったと思いますが、オジサンは満足そうにそう言うと、私の分までお金を払って店から出ていきました。ひょっとしたら、自分と同じ目線で街を見ている人を探して、オジサンは飲み歩いているのかもしれません。

「成長」という枷を外してしまえば、市場をハッキングして、そこそこ稼げる仕事を作るのは簡単だぞ。

この夜、オジサンが私に伝えてくれたのは、そういうことだと思います。

第10章

シーラカンスのように生き残る日本の1000年企業のスゴさ

世界で一番古い会社は日本にある

２０１７年の盛夏、私は熱海を訪れていました。目的は、近年、商店街活性化に成功した熱海銀座商店街の調査のためです。

この商店街は、第5章の「最果てのゲイタウンが教えてくれる『商店街活性化』の鍵」で紹介した木村先生の論文と同じく、遊休不動産をシェアオフィスや民宿に改装していくことで新たな人材を呼び込み、定期的にマルシェを開催して新たに人流を生み出していくことで再生に成功しました。この再生を手掛けたmachimoriの創業者が、東京都立大学の卒業生ということもあり、ＯＢ会の紹介で調査が実現したのでした。

まちづくり研究を手掛けていた時期もあるため、私は出張先では商店街はもちろん街を隈なく歩き、どの地域にどのような店舗が集積し、逆に空き店舗が多い地域はどこなのかを確かめるのが習慣になっています。例によって一通りのヒアリングを終えた後、夕食前に商店街をふらついているうちに、目を疑うものを発見しました。

創業和銅3年　小沢ひもの店

和銅？　あの和同開珎（かいほう）が発行された年の元号が和銅だから……710年に創業！

興奮した私はスマホを手に取り、私の共同研究者の一人である曽根秀一先生（静岡文化芸術大学）に即座に電話をかけました。彼の研究テーマは、創業100年を超える老舗企業の事業継承です。新しい調査先を発見したかもしれないので、早速、情報提供をしたいと思ったのです。

「今のところ最古の企業は578年創業の金剛組ですけど、和銅3年というのは凄いですね。もし、史料批判に耐えうる一次資料があったら、凄い発見ですよ」

老舗企業を求めて全国を飛び回り、未発掘の一次資料を収集し、古文書の解読まで行う曽根先生が言うには、近世（江戸時代）に起源を持つ企業は多いものの、中世以前になると少なく、飛鳥・奈良時代となるとめったに出会わないということで、大変興奮していました。

これは、かなりの発見になるかもしれないと、小沢ひもの店の件をmachimoriの代表者である市来（いちき）広一郎さんに尋ねたところ、このお店はmachimoriの出資者でもあり繋がりがありました。これは思わぬ形の掘り出し物だと喜んだのですが……１９５０年の熱海大火で肝心の資料や存在を確認できる文献が焼失したとのことで、「創業和銅３年」というのは家族の間で受け継がれている口伝でしか残っていない記録でした。客観的に確かめられる資料がないと学術論文にはならないので、残念でなりません。

儲けるために競争しても、ろくなことにはならない

日本は創業１００年を超える老舗企業の数が、世界でトップクラスに多い国であることが知られています。株式会社制度が日本に導入されたのは明治時代以後ですので、正確にはその前身にあたる「商店」や「団体・集団」が存在し、活動していたことを一次資料で確認できる「老舗」が日本に特異的に多いということになります。

この分野の第一人者である曽根秀一先生は、２０１９年に『老舗企業の存続メカニズム』（中央経済社）を刊行し、日本における老舗企業の存続の仕組みについて、興味深い論考を展開しています。同書では、曽根先生が全国の老舗企業を飛び回り発掘してきた豊富な一次資料を元に、老舗企業の持つ家訓や、秘伝とされる技術の継承など様々な側面から老舗企業の存続の秘訣を考察されています。同書を含む曽根先生の

一連の研究で特に注目してほしいのが「競争しても、ろくなことにはならない」という、身も蓋もない結果です。

同書で曽根先生が分析する建設業界は、創業100年を超える老舗企業が多く集まる、日本でも特異な業界です。有名なところでは、大手ゼネコン5社のうち、4社が宮大工集団を起源として100年以上の歴史を持っています。ゼネコンに限らず、地方都市の工務店などに目を向けると、創業100年を超える老舗の数は膨大なものになります。

ところが、歴史を紐解いていくと、実は建築会社が大量倒産したタイミングがあるのです。

それが、明治維新直後と1930年代の世界恐慌のタイミングです。前述のように老舗の建築会社の多くが宮大工集団を起源としているのですが、明治維新後の廃仏毀釈で廃寺が進められたことで、多くの宮大工が職を失いました。宮大工たちは生き残りをかけて、近代建築に業種転換していき、いち早く株式会社化して国から公共事業を受託できる体制を整えた集団が、現代の大手ゼネコンへと進化しました。

じゃあ、株式会社に進化するのが正解かというと、そうではありません。明治維新後に先行してゼネコン化に成功した集団を手本に株式会社化し住宅建築を手掛けた後発グループは、世界恐慌の影響でほぼ全滅と言ってよいほどの大量倒産に見舞われました。実は、現代の一般住宅建築を担う工務店は、第二次世界大戦後の復興期に誕生した「新興企業」になります。

この曽根先生の議論を踏まえると、創業１００年を超える現代の大手ゼネコンは、「お寺」から「国」に商売相手を変えることで、生き残った宮大工集団であると言えます。明治維新以後、大規模土木工事や近代建築の仕事を国から受注するためには、大資本を集約する必要があり、それゆえいち早く株式会社化する必要がありました。当然、国の仕事ですので、一度仕事を受託し結果を出せばそれが前例として機能し、公共事業を半ば寡占的に受託できる環境を得ることができます。

それを見て後追いで株式会社化した後発グループは、国から仕事を受注するにも先行する大手ゼネコンに太刀打ちできず、結局は景気次第で需要の波がある一般住宅市場を後発グループ同士で奪い合っているうちに、世界恐慌に飲まれて大量死滅してしまった訳です。

実は1000年企業が他にもある

株式会社化して競争の中で能力を磨き上げ、売上を伸ばし企業規模を拡大していくことで、企業として成長していく。現代日本では当たり前の美徳に見える経営手法が、実は多くの宮大工系建設会社の寿命を縮めてしまったことを、曽根先生の研究は指摘しています。

実際、「世界最古の企業」として紹介されることの多い金剛組も、バブル期に高級住宅建設に進出し、その後の不景気で住宅需要が低下していったことで資金繰りが悪化しました。その中で、90年代後半の金融不安から貸し剝がしに近い形でメインバンクから資金が引き上げられ、倒産の危機に陥りました。

本当に、売上と成長を求めて競争しても、ろくなことにはなりません。

さて、熱海での出会いから5年が過ぎた2022年の初夏のことです。私の研究に関連したシンポジウムでの登壇や研究会への出席で、10日間ほど浜松から京都まで行脚していると、また発見をしてしまいました。

京都に宿泊する際は四条や河原町という中心繁華街のホテルに宿泊することが多いのですが、この日は翌日の研究会の会場にアクセスの良い、烏丸(からすま)北大路の近辺に宿をとっていました。習慣となっている町並み探索と夕ごはんの店探しを兼ねて20分ほど歩いたところに、今宮神社がありました。

私には残念ながら信仰心らしきものはないのですが、大工の息子ということもあり、古い木造建築を見るのは大好きです。吸い込まれるように参道に入っていくと、江戸時代の茶屋をそのまま移設したようなひなびたお店が、「おいでやす～」といい声で呼び込みをしています。よくある観光地のお土産物屋さんかと思ったら、軒先で何かを串に刺して、炭火で炙っています。

良い匂いがするので、たまらず近寄ってみると、親指大にちぎった餅を竹串に刺して香ばしく炙り、白味噌のタレで和えた「あぶり餅」という和菓子のお店でした。店の名前は、「あぶり餅　一和」。あぶり餅は１人前15本で５００円。甘味好きで餅も大好きな私は、たまらず一人前を注文して縁台に座ったのですが、そこで目に飛び込んできたのが「創業長保(ちょうほう)2年」の文字です。

長保2年ってことは、西暦１０００年です。お店の方に話を聞いてみると、今宮神社の建立とほぼ同年にお店を構え、以後、1000年以上にわたって今宮神社の参道であぶり餅を売り続けているそうです。

ふと目の前にも「あぶり餅」のお店の「かざりや」さんがあるのに気づいて、はしごしてもう一皿いただいたのですが、こちらは寛永14年（1637年）創業で約400年続くお店でした。実はこの参道にあるお店は、新しくても大正時代、古いと寛永年間の建物をリフォームしながら今も使っているそうで、もはやこの一帯そのものが「老舗」として残っていると言っても過言ではありません。

京都市内の他の和菓子屋さんが時代の流れに合わせて株式会社化したり、業態を徐々に変化させて何とか競争を勝ち抜こうとあたふたしているのに対して、今宮神社の「あぶり餅」のお店は悠然と1000年以上、同じ場所で同じものを売り続けています。おそらく変わったのは価格と、建て替えている建物くらい。これは凄いことではないでしょうか？

シーラカンスのように生き残れる場所がある

「もう日本では100年では老舗と言えなくなってきたのか、創業1000年以上の企業を老舗と呼ぼうという動きもあるんですよ」

後日、今宮神社の「あぶり餅」の件を曽根先生に話したところ、困った顔をしつつ最近の老舗企業研究に関する動向を教えてくれました。欧米では存続100年を区切りに老舗企業と分類しているらしいのですが、日本だと100年は珍しくない数字で上場企業でも頻繁に見られます。そこで、日本の老舗企業の定義を議論していくうちに、1000年企業＝老舗としようという議論が出てきたのだそうです。東京商工リサーチが同社のデータベースに登録されている中で、金剛組を含めて8社の1000年企業が確認されると発表していますが、「あぶり餅　一和」のように確認されていない1000年以上続く会社がもっとたくさん存在するのかもしれません。

「100年、1000年という区切りじゃなくて、どう続いているかの仕組みの方が大事だと思うのですけど。そもそも、買収や合併を経験して、もともとの実態がなくなる形で続いている会社もあるでしょうし」

曽根先生は老舗企業ブームで暴走気味の研究動向に困り顔でしたが、私は件（くだん）のあぶり餅屋さんがなぜ続いたのか、その仕組みを考え始めていました。
今宮神社前の参道には、創業1000年を超える「あぶり餅 一和」を筆頭に、世間一般では老舗と呼ばれる、100年企業が集積しています。なぜ、この場所に老舗企業が集まってしまったのでしょうか。一つの鍵として、安定して参拝客や観光客が訪れる今宮神社の参道が前提なのは間違いありません。だったら、日本全国の古刹(こさつ)の前には、軒並み創業数百年の老舗企業が揃っているはずなのですが、実際にはそんなことはありません。

曽根先生の言う「仕組み」とはどのようなものかは、改めて第8章で紹介したピーターズ(インスブルック大学)らの文献に対する疑問と併せて考えていくうちに、一つの仮説——老舗=シーラカンス説を思いつきました。

Peters, M., Frehse, J., & Buhalis, D. (2009). The importance of lifestyle entrepreneurship: A conceptual study of the tourism industry. PASOS. Revista de Turismo y Patrimonio Cultural, 7(3), 393-405.

ピーターズらは「生活の質と企業の売上」の差し引きで、「生活の質」がマイナスになる前に、成長を意図的に放棄すると指摘します。ただ、現実の経営で、そんなに簡単に「成長」と「売上」の魔力から逃れられるものでしょうか？　それが彼らの論文に対して私が抱いた疑問です。

私もこれまで、いろいろな企業家の方にインタビューをしてきましたが、取引先や銀行、投資家との付き合いの中で、その気はなかったのに否応なく事業規模を拡大してしまい、売上が上がるのと反比例してプレッシャーから目が死んでいく様を、何度も見てきました。

ライフスタイル企業家は「成長と売上の魔力」から逃れるために、「趣味」や「コミュニティ」内での幸せ、あるいは「山林のような再生可能な資産」を判断基準に起業していくという考え方を提供しています。

それを踏まえると、「あぶり餅　一和」には「そこそこ起業」でうまく続けていくための、重大なヒントがあるのではないかと思います。それは何かというと、目の前の参道を通る今宮神社の参拝客「だけ」をお客様と見定め、身の丈以上の経営はしないという考え方です。

それこそ、「変化の少ない安定した環境」である深海に生息することで、現代でも生き残っているシーラカンスのように、「あぶり餅　一和」は今宮神社の参道に適応し、そこから動かない、変わらないことで１０００年の時を重ねることができたのです。

「競争しても疲弊するし、成長のための投資は倒産リスクを抱えるだけ」、「むしろ、競争の少ない環境に移動し、そこそこの努力と労働時間で生活には十分な稼ぎを目指そう」という仕事に関する考え方は、近年、デザイナーやライター、プログラマーの方を中心とした地方都市や田舎への移住起業という形で静かに増えています。仕事の総量は少ないかもしれないけど、競争の少ない環境＝地方に移動してしまえば、過去の職業経験を活かした「そこそこ起業」で気楽に生きていくことができることに、気づいた人たちがいるわけです。

そう考えると、１０００年の時間を「独占できる安定した環境」にシーラカンスのごとくとどまり続けた京都のあぶり餅屋さんは「競争を避けて、楽に生きる」という新しい起業スタイルである、「そこそこ起業」＝ライフスタイル企業家の正しさを証明しているのかもしれません。

第11章

魚のさばき屋さんからサービスの「価格」を考える

釣り親父の、世界共通の悩みとは？

２０２１年の2月、私はニュージーランドのタウポ湖畔のロッジで、現地のオヤジにつかまってウィスキーをごちそうになりながら、ニジマスの調理法を聞かされていました。

「レインボートラウト（ニジマス）はその日に釣れた新鮮なやつがベストだ。サーモンならよりグッドだね。フィレのところを切り出して、塩を振って冷蔵庫に入れて１時間くらい寝かせておく。水分が浮いてくるからキッチンペーパーで丁寧に拭き取ってから、小麦粉にまぶしておく。いいか、水分を拭き取るのを忘れちゃ駄目だぞ。臭みが出てしまうからな」

ことの始まりは、大学院時代からの友人が在外研究の機会を摑み、ニュージーランドの大学に赴任したことでした。ニュージーランドといえばトラウト類を中心としたスポーツフィッシングの聖地として有名です。その中でもタウポ湖周辺は、世界中のフライフィッシングフリークが一度は訪れたいと憧れる釣り場です。

幼い頃に亡父に教わった渓流釣りで渓流魚の美しさに魅了され、小学生の頃に貪るように読んだ『釣りキチ三平』でフライフィッシングに憧れ、就職後にフライロッドを手にしてこの時15年目。「今年こそはタウポへ！」と毎年思いつつ、移動距離と言葉の壁に阻まれて、泣く泣く見送るのが恒例行事でした。

ところが、その友人とメールでやり取りをしているなかで、週末には現地の友人たちとトレッキングやキャンプを楽しみ、どうやらタウポ湖にも何度も遊びに行っていることを知ってしまったのです。

英語が堪能な彼が一緒なら、言葉の問題も現地の土地勘も全てクリアできます。この機会を逃せば次はないと思い、大慌てで年度末の業務を終わらせて1週間の日程をひねり出し、スポーツフィッシングのフィールドワークという研究計画を立てて、憧れのニュージーランドでの現地調査に旅立ったのでした。もちろん、いつかこの日のためにと準備していた、ニュージーランド対応のフライロッドをバッグの中に忍ばせて。

「エシャロットはみじん切り、ローズマリーは適当な大きさにちぎって、フライパンにたっぷりのバターと一緒に入れて火にかける。じっくり弱火でバターを溶かしたら、そこにフィレを入れる。火は弱火のままだぞ。エシャロットやローズマリーを焦がさないように注意しろよ。そうしたら、エシャロットとローズマリーの香りを吸った溶かしバターをスプーンで掬って、フィレにまんべんなくかけ続けるんだ。気長に20分くらいだな。溶かしたバターで火を通すんだ」

残念ながら天候が悪くてまともな釣りにならず、現地のスーパーで食材を買い込んで宿泊先のバーベキュースペースで夕食を作り始めると、ビールとウィスキーを持って現れた陽気なニュージーランド人のオヤジ二人組に、「今日は全然駄目で残念だったな。せっかくだし一緒に飲まねぇか」と誘われたのです。

彼らが泊まっているロッジの前には、釣り竿が数本立てかけられていて、明らかに釣り人です。現地の人のスポーツフィッシングに関する考え方を聞いてみたいところだったので、ちょうどよいと酒盛りが始まったのでした。

「最後に香り付けに白ワインでフランベして出来上がりだ。ソースはバターにオレンジをひと絞りして、軽く煮詰めたのがオススメだ。強火にするのはこの時だけだぞ。

低温のバターでじっくり火を通したレインボーは、ジューシーで最高だぞ」

さんざん飲まされて泥酔した頃に、ふと「ニュージーランドではニジマスをどうやって食べるのがオススメなのか？」と聞いた時に、教えてくれたのがこのレシピでした。英国文化圏なので魚も肉も丸焼きか丸揚げで、味付けは塩とモルトビネガーのみという偏見しかなかったのですが、想像以上にちゃんとしたレシピでビックリしました。

奥様は料理が上手なんですねと私が感想を述べると、オヤジはブンブンと首を横に振ります。

「釣ってきた魚は、俺が料理しないと妻に怒られるんだよ」

「そうそう。大漁の時は、怒られるもんな！」

二人は指で角を出すジェスチャーをして、首を竦(すく)めます。

「日本でも一緒ですよ。うちも、魚を釣ったら料理するのは父親の仕事だったよ！」

私がそう言うと、「なんだ、日本でもそうなのか！」と大爆笑しました。

釣った魚を持って帰ったら、奥様に怒られる。これは世界共通の釣りオヤジの悩みなのかもしれません。

京都にある神施設「釣人の駅」

幸いにというか不幸にもというか、私は未だに独身なので、釣った魚を自宅に持って帰っても怒られることはありません。

ただ、大漁の時ほど困ります。例えば寒くなるほどに美味しくなる寒サバを狙って船に乗り、運良く大きな群れに当たると小一時間で50匹近く釣れてクーラーボックスが満杯になったりします。釣っている最中は夢中になっていますが、困るのは自宅のキッチンでクーラーボックスを開けたときです。その日に食べる分を除いて冷蔵・冷凍保存するにしても、まずは鱗と内臓を取らねばなりません。

それでも50匹の魚を一人で食べきるのは大変なので、友人に配ろうとするのですが、三枚におろしてすぐに食べられる状態にしておかないともらってくれません。早朝5時に出船して帰船が13時、そこから1時間かけて車で帰宅した後、50匹のサバを処理する……相当にハードな一日になります（妻帯者の釣りオヤジですと、奥様からのお小言というイベントが追加されます）。

こうなると、「いま旬の○○が大漁！　トップ１００匹！」という情報が回ってきても、「どうやって食べるねん」と二の足を踏むことになります。実は、釣り人口が減少を続けている一つの理由が、「釣った魚をどうやって処理するのか？」ということにあったりします。

「高橋先生、これ凄くないですか？」

先日、同じ悩みを持つ釣り仲間の先生が紹介してくれたのが、「釣人の駅」という、京都は若狭湾に位置するお店でした。

近隣の漁師の方が始めたこのお店が提供するのは、１匹１５０〜８００円で釣った魚の下処理を請け負ってくれるだけでなく、真空パックで全国配送してくれるサービスです。

更に、思わぬ大漁に恵まれた場合は魚を引き取ってもらえて、ポイントカードに記録されます（原則当日釣行分のみ、氷でしっかり冷やしてお店に持ち込んだ魚のみ対応）。このポイントは、店内で販売されている魚や、次回の釣果の処理に使えるという仕組みになっています。つまり、サバやアジのように大漁に釣れる魚でポイントを貯めて、クエ等の高級魚と交換してもらうことも可能なわけです。

世界中の釣りオヤジの悩みを解決してくれるだけでなく、私のような独身の釣りオヤジや、これから釣りを始めたいけど魚を調理できない初心者にとっても、夢のようなサービスです。

「釣人の駅」は漁師さんがスタートしただけあり、引き受けた魚の卸先もありますし、そのために業務用の急速冷凍庫や真空パック用の機械など充実した設備が整えられています。しかし、単に「魚の下処理サービス」を提供するだけならば、水道設備と包丁とまな板があれば明日からでも開業可能です。それこそ、釣り船が集まる港の近くにキッチンカーを横付けして、「魚のさばき屋さん」を開業することも可能でしょう（フグのように毒のある魚の下処理を断るなど、安全上注意すべきことはいくつかあると思いますが）。

釣り客にとって魚を持ち帰って奥様にお小言をいただくこともなくなる夢のサービ

スであり、釣りを始める際のハードルが下がるので釣り船ともにwin-winの関係を作ることができるでしょう。「釣り人相手の魚のさばき屋さん」は、釣り場に確実なニーズがあり、低投資で明日からでも始められるビジネスでありつつ、食品を提供するわけではないので面倒な法律上の手続きがおそらく存在しない、非常に魅力的な商売ではないでしょうか。

「価格」をつけることから始めよう

これこそ私が明日からでも始めるべき「そこそこ起業」だと興奮しました。「魚のさばき屋」さんをキッチンカーで始めるとして、最低限の初期投資と一日の売上がどれくらいになるかしらと、よく遊びに行く漁港の釣り船の数と一日あたりの釣果を確かめ始めました。ですが同時に、「みんながほしいサービスが、未だにほとんど提供されていないのはなぜなんだ？」という疑問が湧き、考え込んでしまいました。

ニーズのあるところにサービスが生まれる。これは経営学以前の常識だと思います。ところが、「世界中の釣り人の共通のニーズ」である「釣った魚をさばいてくれるサービス」そのものが、「釣人の駅」を含めて日本には数えるほどしかありません。ニーズがあるのに、サービスが生まれないというのはどういうことなのでしょうか？

そんなことを考えている時に思い出したのが、ヴァティン（パリ・ナンテール大学）の価値評価に関する論文です。

Vatin, F. (2013) "Valuation as Evaluating and Valorizing", Valuation Studies, Vol. 1, No. 1, pp. 31-50.

商品やサービスの価値は、いかにして生まれるのか？

私たちはついつい、そのサービスが希少であるとか、その商品に用いられている素材や技術が高価であるとか、提供するのに大変な労力がかかっているとか、商品・サービスに内在する何かに「価値」の源泉があると考えがちです。

それに対してヴァティンは「価値評価のもとで、価値が発生する」という、大胆なアプローチを試みます。例えば金は、それそのものはただの鉱物でしかありません。金1グラムあたりの換算金額という価値評価の指標とセットとなって、初めて鉱物としての金は他の商品やサービスと交換可能な「財産」という価値が生じているわけです。

これは金のような鉱物資源に限った話ではありません。私たちが勉強を通じて蓄積した知識や、肉体を利用して提供する労働といった活動そのものも、成績やノルマの達成度などで「評価される」ことで初めて、金銭（給与）と交換が可能になり価値が生まれます。

このヴァティンの価値評価という考え方を踏まえると、「釣った魚をさばいてほしい」というニーズが確かにあるのにサービスがほとんど生まれないのは、「魚をさばく」というサービスをどう評価するか、「価格」を決定できる指標がないことが原因と考えることができるのではないでしょうか？

確かにスーパーでは「おさしみのパック」のように下処理済みの魚が販売されていますが、その最終金額のうち、魚をさばくという工程の金額がいくらなのかは不明です。売り場に並ぶ魚の最終価格に人件費として含まれていますが、商売上の慣例として、「魚をさばく」という単体の工程の価値は計算されていないのです。

要は1匹あたり、何円の代金をいただくのが妥当なのか、誰もわからないから、ニーズがあっても手が出しづらい状況にあるわけです。

ならばヴァティンの議論に基づいて、少し発想を変えてみましょう。

「今までにないサービスを提供する」のであれば、とりあえずそのサービスに「価格」をつけて初めて、お客様はそのサービスに価値があるかどうかが判別できるのではないでしょうか？

「釣人の駅」の場合、アジは1匹150円で下処理をしてもらえます。

おそらく、この1匹あたりの価格には、明確な根拠はありません。設備の維持費、光熱費、人件費などランニングコストの合計と、一日あたりに持ち込まれる魚の合計から、「とりあえずこれくらいなら採算がとれる」という経営者の予想や、「これくらいの売上がほしい」という期待に基づいて設定された金額でしょう。決して、「アジをさばく」という労力や技術そのものに150円の価値が備わっているわけではありません。

ただ、「とりあえず」であっても1匹150円という価格を設定することが大事なのです。この価格が提示されて初めて、お客さん＝釣り人は「下処理してもらう価値があるかどうか？」を判断することが可能になります。そして、「魚の処理をお願いします」とお客さんが依頼した時、「魚の下処理」にサービスとしての価値が発生する訳です。

本書でここまで取り上げた「そこそこ起業」の実例の中には、ビル看板の広告費のように相場が定まっているものから、同人誌や自主制作のグラビア活動のように、価格そのものが曖昧なものが存在します。

後者のように、「ニーズがあるけど商品・サービスに明確な価格が存在しない」ものを商売にしていくためには、実はお客さんが買う価値があるかどうかを判断する「価格付け」をまず行い、サービスと金銭を交換する相場を作っていくことから始めていく必要があるのではないでしょうか。

設定した価格が「高すぎる」と言われれば、事業としての持続可能性と相談しながら金額を下げていき様子を見ていく。お客さんの要望を聞きつつ、その要望に応えるのに必要な手間から勘案して少しだけ値段を上げてみる。趣味や生活に密着した分野で「そこそこ起業」を目指すのであれば、潜在的ニーズがどうとか、マーケティングがどうとか考えるより先に、とりあえず「この価格だったら、このサービス利用しますか？」と、身近な人に聞いてみて、一緒に相場を作っていくことが近道なのかもしれません。

ところで、私もキッチンカーを買って、釣り船の集まる漁港で「1キロ1000円」で釣った魚をさばいてみようと思うのですが、釣り人の皆さん、いかがでしょうか？

第12章

小説紹介を生業にするもう一つの冴えたやり方

小説を紹介しているだけなのに、面白い！

ライフスタイル企業家という概念と出会い、研究プロジェクトをスタートした3年前から、いつかは動画配信者を取材せねばと考えていました。

これには、ライフスタイル企業家という概念にぴったり当てはまりながら、先行研究で動画配信者を調査した人がまだいないというアカデミックな理由もあります。同時に、この研究プロジェクトの開始当時から、パソコン一つで始められる、動画配信者こそが、今、一番だれにでも手を出すことが可能な、「そこそこ起業」の具体例だと考えていたのです。

いつかは取材をしたいと考えていたところ、ありがたいことに担当編集者から紹介されたのが、TikTokを舞台に約45万人のフォロワーを有する、小説紹介動画の配信者であるけんごさん（https://www.tiktok.com/@kengo_book）でした。

けんごさんが手掛けるのは小説「評論」ではなく、「紹介」です。果たしてそのような動画が、どうして「ウケている」のだろうか？　そこで早速、TikTokのアカウントを作成し、けんごさんのチャンネルにアクセスしたところ、最初に目に飛び込んだのが「全裸が、」と題されたサムネイルでした。

少しドキドキしながらクリックしてみると、その内容も衝撃的でした。全裸は究極のエコだという信念のもとで、ヌーディスト法が制定され、公然わいせつ罪が廃止された世界。その社会で起きる事件に、日本初の全裸刑事が関わっていく……たった48秒の動画でこの小説の魅力的な世界観とストーリーのアウトラインが見事に語られているのですが、小説のタイトルが『全裸刑事チャーリー』（七尾与史著、宝島社文庫）であると判明するのはラスト10秒です。しかし、その38秒で紹介された世界観に魅了された私は、後日、『全裸刑事チャーリー』を求めて書店に向かいました。

これは只者ではないと思い、他の動画を確認していくなかで、私はちょっとした違和感を覚えました。小説紹介チャンネルと題されているにもかかわらず、半分ほどのサムネイルには小説の表紙が使われていない上、動画の紹介文にも小説のタイトルどころか、Amazonのリンクすら貼られていない場合があるのです。

ところが、動画を次々と視聴していくうちに、けんごさんが、サムネイルに小説の表紙やタイトルを掲載しない意図が、更には小説「評論」ではなく、「紹介」を謳っている理由が、朧気ながらにわかってきました。
表紙やタイトルがサムネイルなどの情報で先に出ていると、「これは、こういう感じの小説でしょ？」という予断が視聴者に生まれてしまい、興味が削がれてしまったり、紹介そのものがちゃんと頭に入らなかったりします。ところが、逆に何も情報が与えられないまま、けんごさんが、「ここが面白いところだ！」と感じたポイントを、さながら小説で描かれているテンションが再現されているような語りで聞いていると、「この小説は何だ？」と凄く引き込まれてしまうのです。

（これだけ練りに練った動画には、シナリオを作るだけで相当時間がかかっているはず。編集も見事でプロの仕事だと思うのだけど……これだけ手間をかけて、ショート動画でペイしているのだろうか？）

けんごさんの小説紹介動画は、その語り一つ一つがちゃんと面白い上に、紹介された本を「読みたい！」と視聴者が感じるように、計算し尽くしたものです。とはいえ、45万人というフォロワー数と、各動画の再生回数を見る限り、動画配信者として食べていくには少し心もとない。きっと、私の知らない動画配信ビジネスの現実や工夫があるはずで、その生の声が聞けると期待して取材に向かいました。

深まる謎：どうやって食べているの？

「僕が大学までやってきた野球は、日本で一番人気のあるスポーツです。それでも、昨年（２０２２年）にプロ野球で日本一になったチーム（オリックス・バファローズ）を知らない人が大多数なのが現実です。プロ野球ですらそうなのですから、悲しいけど小説はもっと少ないのが、現実なんですよね」

小説紹介動画でのけんごさんは、いかにも動画配信者らしいやや大げさにも思える抑揚の効いた話し方です。しかし、実際にお会いしてみると、爽やかな語り口のなかに、小説に対する愛が滲み出てくるような好青年でした。

けんごさんが動画配信者を目指したのは、大学時代に始めたアルバイトがきっかけでした。大学在学中に見舞われたコロナ禍で、対面授業も部活もできなくなったけんごさんは、独学で動画編集の勉強をした上で、副業でYouTuberなどの動画編集のアルバイトを始めたのです。この動画編集の仕事をこなしていく中で、自ずと「どう撮れば、視聴者にメッセージが伝わるか？」、「どう話せば、視聴者に興味を持ってもらえるのか？」を判断する目が養われていったのでしょう。そうなると、自分でも動画配信ができるのではないか？と考えるようになるのは自然なことです。２０２０年11月末にTikTokで「けんご　小説紹介」を開設し、小説紹介動画の配信を開始しました。

「実際に、同年代の人たちで小説を読んでいる人はすごく少ないんですよね。小説が書店で売っていることも、今の若い人たちはよくわかっていないのかもしれない。僕は読書がすごくコスパの良い趣味だと考えていますし、小説評論ではなく小説紹介を名乗っているのも、面白い小説が書店にはいっぱいあって、それを知ってほしいからです」

TikTokで小説紹介チャンネルを開設するに至るけんごさんのストーリーからは、小説への愛と、多くの人にその面白さを共有してほしいという気持ちが痛いほどに伝わります。

とはいえ日々、「儲かりまっか？」をテーマに研究を続けている経営学者として、けんごさんのピュアな姿勢がどんどん心配になってきます。なにせ、大学卒業後に就職した会社はすぐに退職してしまい、その後に就職した会社も退職してしまっているのです。

今、注目を集めている動画配信者とはいえ、けんごさんが抱える45万人という登録者数は、これ一本で食べていくためには少し心細いフォロワー数に思えます。加えてけんごさんが動画配信のプラットフォームとして選んだのはTikTokです。

２０２３年にYouTuberの収益低下がニュースとして話題になりましたが、その原因の一つがショート動画の流行です。視聴者は１分程度で視聴が完了するショート動画を優先するようになり、動画配信者も再生回数を維持するためには、それに対応せざるを得ません。しかし、ショート動画の再生数に対する広告料収入は、従来の動画より非常に安価に設定されています。当然、再生回数を稼いでも、売上＝広告料収入は低下していきます。しかも、15分の通常動画を１分のショート動画に切り替えたからといって、そこにかかる手間＝コストが15分の１になるわけではありません。

だとすれば、けんごさんは再生回数やフォロワー数を拡大しながら、広告料収入に頼らないマネタイズの方法を工夫しているのではと考えたのですが、けんごさんの回答は全く予想外でした。

「自分が動画で小説を紹介したあと、その本が増刷されたと連絡をいただくと凄く嬉しいですね……最近はＰＲの小説紹介も始めていますが、自分が本当に面白いと思える本しか紹介していませんし、TikTokでの収益化もあまり考えていません」

あまりにピュアな、小説に対する愛情の深さに溢れたけんごさんの回答に、経営学者の私は更に心配になってきました。

もう一つの冴えたやり方

動画配信者の稼ぎ方は、とても単純だと思います。

①自分が好きなこと、得意なこと、面白いと思うことを題材に動画を撮影し、YouTubeを始めとした動画プラットフォームにアップロードする。

②動画の再生回数にあわせて、各プラットフォームの規約に基づいた広告料収入が振り込まれる。

③売上高は動画の再生数により決定し、純利益は広告料収入から動画撮影・編集に費やしたコストを差し引いたものになる。

このモデルを基本として、フォロワーやチャンネル登録者が増えるに従って、動画配信者は多様な「稼ぎ方」が可能になります。例えば、以下のような「稼ぎ方」が代表例なのではないでしょうか？

・企業からＰＲ案件を受注して動画の配信。
・書籍やグッズの販売。
・リアルイベントや講習会の開催。
・有料会員のみが視聴可能な会員向け動画の配信。
・有料のオンラインサロンや生配信のチケット収入＋動画配信プラットフォームの機能を利用した投げ銭収入の獲得。

動画配信者として有名になるほど、雪だるま式にマネタイズの方法と稼ぎ出せる利益が増えていきます。これに対して、一流企業に就職したとしても、もらえるお給料はたかが知れています。更に、就職後にはいつリストラされるか怯えながら、上司からは就業後や休日にも、自己研鑽に励むことを強いられる人生が待っています。動画配信者を目指す若者が増えているのは、同じ努力するなら、好きなことに全力投球するほうがずっとマシと、本能的に感じているからではないでしょうか。

とはいえ、そんな夢のような生き方も、まずは一本、動画がバズらないことには始まりません。だからこそ、世の動画配信者の方々は、フォロワー数や動画の再生回数に一喜一憂し、時にはバズることを狙って、過激な行動をしてしまうこともあるのです。

取材前には、動画配信者界隈の動向を踏まえると、けんごさんは動画配信者として、これから「どう稼ぐのか?」を視野に置きながら、動画再生回数やフォロワー数の拡大を図っていく段階にあると考えたので、「TikTokでの収益化は考えていない」という発言に私は混乱してしまいました。そこで、率直に「今、どうやって食べているのですか?」と尋ねてみると、その内容は全く予想外のものでした。

「実は、僕と同じように、映画やアートの紹介動画を配信しているクリエイターと共同で、株式会社MEW Creators(https://mewcreators.com/)を設立しました。映画や書籍、芸術イベントなどの広報やPRを手伝わせていただいていて、今はそちらから生活には十分な収入をいただいています」

このけんごさんの回答に、私自身が動画配信者について勝手な固定観念に囚われていたことに気づかされました。

先程説明したように、現在の動画配信者の収入は、大雑把に分けて①再生数に合わせてプラットフォームから支払われる広告料、②企業からのPR案件、③チャンネル登録者からの月会費や投げ銭に分けられるとされています。全て、チャンネルの登録者数と再生回数に依存する収入源です。逆に言えば、これらの収入で飯を食べていくと決めた瞬間から、登録者数と再生回数を増やすために動画を作成し、その内容もスポンサーや視聴者の意向に沿ったものにせねばならなくなります。

そこでけんごさんは、この3つの収入源を追い求めず、登録者数や再生回数に左右されるのとは別の「稼ぎ方」として、小説や漫画関連の広報・PR支援での起業を選択したのです。

これは非常に、うまいやり方であると感心しました。多くのベンチャー企業は、起業直後に最初の仕事を受注するのに四苦八苦することになります。ところが、けんごさんの場合は登録者数45万人の人気チャンネルを作り上げた実績のある動画配信者です。広報やPRを依頼したいクライアント企業側からすると、「人気チャンネルを立ち上げ、運営しているノウハウを有している」と容易に想像がつくため、安心して提携できる相手となるわけです。

「登録者数も、今の数字（45万人）を維持しつつ、少しずつ増やしていくことは意識していますが、大幅に増やそうとかは考えていません。小説が好きだから動画配信を続けられますし、紹介したい小説がなくなることもありませんしね」

好きな小説を紹介する、計算して作り込んだ動画をあげていくことで、ファンが増えていく。その動画がバズることで、小説に興味をもって読んでくれる人が増え、その小説が増刷される。けんごさんの小説紹介動画の実績を認めて、出版社や映画会社はPRや広報の仕事を発注していく。ここでけんごさんはひと工夫を加えて、TikTokでの動画配信と実生活のための収入を直結するのではなく、あえてゆるく切り離していくことで、「面白いと心底思える小説を楽しく紹介する動画を配信していく状況」を維持したまま、その動画で積み上げた実績が「飯の種」に繋がる好循環になっているのです。

好きなことを起業に直結しない勇気

けんごさんのお話を聞いていく中で、私はどこかで、企業家＝好きなこと、得意なこと、やりたいことがある人がするものという、暗黙の前提に囚われすぎていることに気づかされました。現代では企業家は働き方として肯定的に見られるようになりましたが、好きなことをして生きていける人はごく一部であり、好きなこと、得意なことを仕事にする人々への、純粋な憧憬が背後に潜んでいるように思えます。

実は私が専門とする企業家研究でも、「Academy of Management Review」という経営学全体でもトップクラスのジャーナルに掲載されているカーランド（ウェスタンカロライナ大学）の１９８４年の論文では、企業家とはイノベーションを目的として起業・経営する人と定義され、営業利益の獲得や企業存続を目的として、必ずしも革新的手法を目指さない中小企業の経営者とは厳密に区別すべきである、と指摘されています。

Carland, J. W., Hoy, F., Boulton, W. R., & Carland, J. A. C. (1984). Differentiating Entrepreneurs from Small Business Owners: A Conceptualization. The Academy of Management Review, 9(2), 354-359.

この定義のコアにおかれる、企業家概念の生みの親であるシュンペーターは、企業家の動機の一つとして「創造の喜び」を提唱しました。ここにあるのは、「好きなことを実現していく」ことが、マクロの経済発展につながるというロマンティシズムです。実はこのロマンティシズムが、一方では起業することへのハードルを必要以上に上げてしまい、他方では事業が軌道に乗り、成長していくほどに企業家の人たちが「自分の想いも生活の質も犠牲にして、事業を維持するためにやりたくないこともやらねばならない」という状況に追い込まれてしまうことを、覆い隠してしまっているのではないかと思います。

ライフスタイル企業家という概念は、人に「好きなことを仕事にして生きていくのは素晴らしい!」というイメージを湧かせる、強い力を持っています。それは確かにこの概念の持つ重要なメッセージなのですが、「ライフスタイルを優先し、そこそこの稼ぎを目指す」という、もっと大切なメッセージを覆い隠しがちです。この概念に魅了された私ですら、無意識のうちに「好きなこと」を稼ぎに直結させていくことに力点を置き、けんごさんが動画配信から直接的に収入を得ていることを期待していました。

そう考えると、けんごさんのように「やりたいこと＝小説紹介の動画配信」を直接的にビジネス＝収益獲得に結び付けず、好きなことで得た実績をゆるく利用しながら、仕事に繋げていく状況を作っていくという姿勢は、企業家のロマンティシズムの持つ罠から逃れるための、非常にクレバーな戦略であると思います。

一方では、自分が心の底から面白い、楽しいと思った小説を紹介する動画で、自分と同じように小説を読むことに喜びを感じる同年代の読者を増やしていく。他方で、その動画配信で得た実績を武器に、やはり大好きな本をＰＲしていく仕事を獲得していく。好きなことと仕事を直結して苦労するのでも、「趣味」と「仕事」は別のものと考えてどちらも中途半端になるのでもなく、「好きなこと」と「稼ぎ方」をゆるく繋げていく「仕事のやり方」を追求することで、けんごさんは「趣味も仕事も、自分のやりたいことを自分のペースでやりながら、生活に十分な稼ぎを得る」を作り上げているのです。

このけんごさんの起業スタイルを見ていると、実は、ライフスタイル企業家が目指すべきは、趣味と仕事を直結した起業スタイルではなく、どちらも両立するように上手にゆるめていくことにあるのではないでしょうか?

おわりに

ライフスタイル起業を始めるためには？

学生からの思いがけない相談

私は企業家研究を専門とする経営学者として、毎年200名近い学生相手に、起業に関する理論を事例を交えて伝える講義を続けています。「はじめに」で書いたように、これだけの人数を相手に講義をしていれば、毎年、数名の学生に「起業」についての相談を受けることがあります。

ところが、年内最後の最終講義が終わった後、ゼミ生から受けた「起業について相談させてほしい」との相談は、なかなかに面白く、考えさせられる内容でした。

「特にこれってやりたいことはないのですけど、とにかく起業をしたくて……」

私が研究を始めた頃と異なり、日本でも起業が日常風景の一部になりました。企業家を目指すことが肯定的に捉えられるようになったからこそ、「ついにこういう学生が出てくるようになったのかぁ」と、興味を持って彼の話を聞いてみることにしました。

「仲の良い叔父が小さい会社の社長をやっていて、出勤時間を自分で決められるからってお昼すぎに出社したり、仕事は部下に任せて好きな時にゴルフ行ったり、夜は取引先と接待とかいって経費で美味しいもの食べに行ってたり、楽で楽しそうでいいなぁって思ったんですけど……新卒で会社に就職して、社長になるまで20年以上かかるじゃないですか。だったら、起業したら最初から社長になれるって思いまして」

話を聞いているうちに、どうもこの学生は「起業」して「企業家」になりたいのではなく、「社長」になりたいのだと気づきました。じゃあなぜ「社長」になりたいのかを聞いてみたら、あまりに斜め上の答えが返ってきたので、大爆笑してしまいました。

確かに大学生から見ると、会社の社長は「部下をこき使って高い給料をもらえる、美味しい仕事」に見えてしまうのでしょう。だからといって、起業して社長になれば、楽しい生活が手に入ると考えるのはかなりぶっ飛んだ発想だと思いました。

「じゃあ、あれか。お前、どうやったら稼げる会社作れるか聞きに来たわけ？」

笑いを噛み殺してそう聞いてみると、その学生は全く悪びれることなく、期待に目をキラキラさせながら、胸を張って答えてくれました。

「ええ、先生なら良いアイディア持っているんじゃないかなと思いまして」

イケている若者の間でＦＩＲＥ（Financial Independence, Retire Early）が流行語になり、金融商品や不動産投資関連の書籍が毎月のように発売されては、それなりにヒットしている理由が理解できたような気がしました。そりゃ、誰だって経済的に不安のない形で、楽しく生活をしたいでしょう。だからって、私からアイディアもらって起業すれば良い！と考える学生が出てくるとは完全に予想外でした。

「そんなアイディアあるなら、私は大学教員なんてやってねーよ……とりあえず、これ読んでから、自分なら何ができるか考えてみて。たぶん、ヒントがあるから」

そう言って、「そこそこ起業」が掲載されているＷｅｂページを教えて家に帰しました。

楽園を作ろう!!

10年前なら、このような相談を学生が持ち込んできたら、起業が抱える金銭やキャリア上のリスク、会社を軌道に乗せるまでにどれだけの激務を乗り越えねばならないかなど説明しながら、小一時間は懇々と説教をしていたと思います。

ただし、そういう「激務」は、ベンチャーキャピタルから億単位の出資を受けて、将来的にＮＡＳＤＡＱで上場して事業規模を拡大していくという、キラキラ系のベンチャー企業を率いる企業家を目指した場合の話です。

本書がここまで「そこそこ起業」として紹介したように、自分が楽しむことを中心にビジネスを構築し、家族が生活するには十分の稼ぎを得る状態を作ること＝ライフスタイル起業の種は、実は私たちの身の回り、そこかしこに存在します。

ところが、イノベーションを引き起こし新しい世界を切り開く「企業家」が放つ光に魂が惹きつけられていくうちに、「そこそこ起業＝ライフスタイル企業家」という、多くの人々が当たり前に実践してきた「楽に、楽しく生きる」ための起業スタイルがあることを、見落としてきました。

「そこそこ起業＝ライフスタイル企業家」という言葉は、「上場からバイアウトで億万長者に！」という１９９０年代以後に成立した企業家伝説を捨てた時に、実は気楽に生きるには十分な稼ぎ方が、この世にはたくさん存在することを気づかせてくれます。

本書をここまで読んでいただいた読者の中には、自分にも「そこそこ起業」が可能かも、と考える人も出てきたと思います。とはいえ、いざ「そこそこ起業」を実践しようとすると、「どうすれば良いのか？」という件の学生のような問題にぶち当たってしまうでしょう。

そこで、本書では最後に「そこそこ起業」のための、第一の基本戦略を「楽園を作ろう！」という形で整理しておきたいと思います。

現代のライフスタイル企業家に関する先行研究で主流となっているのが、観光業を中心に趣味（ダイビング・サーフィン・MTB・トレッキングなど）にサービスを提供する小規模事業者をライフスタイル企業家としてとらえる研究です。〝Stay Within the Fence（柵の内側にとどまれ！）〟や〝Just want to surf, make boards and party（ただ、サーフィンを楽しんで、ボードを作って、パーティーをしたいだけ）〟という言葉に集約されるように、趣味を楽しく極めていく中で、仲間が集まり、そのコミュニティに「道具」や「スキル」を分かち合うという形で、ビジネスを発生させるという起業スタイルです。

マス・ツーリズムはもちろん、今や巨大産業と化したグリーン・ツーリズムすら寄せ付けず、ただ「自分たちの仲間」と楽しむことを優先する彼らの起業スタイルは、さながら生き馬の目を抜くような市場競争を横目に、仲間とともに高い城壁を作り、その内側に楽園を作り上げるような活動であると言えるでしょう。

欧米の先行研究は観光業を中心に調査が進められており、第2章のMTBショップを経営されている冨田さんはその典型例だと思います。しかし、我が国が戦後70年の時を費やして成立させた豊かな社会には、仲間と一緒に楽園を作るような事業のチャンスはまだまだ存在します。例えば第1章の沖縄のミュージシャン、第3章の同人作家さんや、第4章のｍｉｙａｋｏさん、果ては第5章の沖縄のゲイタウンや第6章の伝説のカーショップのように、我が国では、同じ趣味で仲間を作り、楽しみを分かち合っていくうちに、楽園を作るチャンスがそこかしこに転がっているのです。

この楽園作りについては、経営学やビジネスの世界で議論されるような「差別化」や「参入障壁の構築」といった仰々しく、攻撃的な考え方はおそらく必要ではありません。

「楽園を作る」ために必要となるのは、「自分が楽しむ姿」を見せて、共感してくれる仲間を少しずつ増やしていくこと。そして集まった仲間たちと「もっと楽しくなる」ためのサービスや道具を、自分から分かち合うという感覚でしょう。

だとすれば、「そこそこ起業」のための第一歩として取り組むべきは、自分の趣味や好きなことを、それこそ「あの人は凄い！」と同好の士から思われるくらい、ガンガン遊んで楽しむ姿を見せていき、そこで集まった人をベースに「何ができるのか？」を考えていくことであると言えるでしょう。

市場をハッキングしろ！

「先生、僕には冨田さんほど、熱中して人を喜ばせるような特技や趣味はないのですが、どうしたらいいですか？」

翌週、「そこそこ起業」のＷｅｂ連載を読んだ件のゼミ生が、かなり困った表情を見せながら、改めて相談に来ました。

まあ、そうなるだろうなと、予想していました。なにせ彼は、「社長として楽に生きたいから、とりあえず起業したい」というトンデモな相談をしてくる人です。彼に、冨田さんのように、他者が「ああなってみたい！」と思えるほど、趣味を極める根性があるとは思えません。

とはいえ、彼が悪いわけじゃありません。よくよく考えたら、人生をかけて極めて、楽しみたい趣味がある人のほうが少ないのが現実です。漫画に釣りにバイクにボディビルと、比較的多趣味な私であっても、人を引き付けコミュニティが作れるほど、極めているわけではありません（何人も同じ趣味に引きずり込みましたが）。

じゃあ、限られた人だけが「そこそこ起業」を目指せるのか、というとそういうわけではありません。ライフスタイル企業家の先行研究を注意深く読み進めていくと、趣味で「楽園」を構築する以外に、「ハッキング」と言うべきもう一つの起業戦略が潜んでいることに気づかされます。

例えば、欧米の先行研究では、プログラマーとしてキャリアを積み上げてきた人が、そのスキルを活かして自宅をオフィスとして起業して、システム開発やサイト構築の案件を「成長を目指さずに、自分が一人で無理なくできるペースで」受注していくという起業スタイルが、ライフスタイル企業家として注目されています。

ＩＴ産業では、一方では上場を目指して起業して億万長者を目指す（従来の）起業戦略が存在し、他方では発注元と下請けの分業関係がすでに出来上がっている業界構造を利用して、「ライフスタイルを優先して、あえて収益の拡大も企業の成長も目指さない」という、「そこそこ起業」戦略が、同時に存在するわけです。

今風に言い換えてしまえば、目の前にある市場の仕組みを知り尽くすことで、「そこそこ働いて、そこそこ稼いで、余暇時間を増やして家族や仲間とともに人生を楽しむライフハック」というべき起業戦略が可能になっているわけです。

ハッキングと私が呼ぶこのライフスタイル企業家の行動は、多くの先行研究が指摘しているように、ＩＴ業界で目立つ戦略です。しかし、それ以外の業界でも可能です。第9章のビルの屋上看板ビジネスのオジサンや、第12章で小説紹介動画を配信しているけんごさんは、その典型例です。

更に「ハッキング」の応用編として、「市場の近くで、サブビジネスを作る」という形も存在します。第10章のあぶり餅屋さんと同じような現象は、全国の観光名所で観察できますし、第11章の「釣人の駅」は、まず魚をさばくことに「価格」を設定することで、漁港の近くでビジネスを発生させました。

この「ハッキング」は、「楽園を作る」ことと比べると、趣味を極めて仲間を集めるような、特異なスキルは必要ありません。第8章で紹介した私の祖父や奥多摩の山主さんのように、山と対話しつつ、市場と「そこそこ」に付き合う＝現金が必要な時だけ取引をして、悠々自適に生活する生き方は、昔から山間部で「普通」の生き方であったのです。ここには、「従業員の生活を守らなければ！」とか、「株主や出資者に配慮せねば」という経営者の責任は存在せず、「家族や仲間」のために必要な現金をその都度、必要なだけ市場から引き出すという野生の経営感覚が存在します。その野生の経営感覚に目覚めた時、市場を構成する責任ある人間＝経営者やビジネスパーソンとは異なる、ライフスタイル企業家として生きる道が見えてくるのではないかと思います。
「ハッキング」というライフスタイル企業家のもう一つの起業戦略を頭に入れておけば、野生の経営感覚に目覚めていない人も、市場の中で「そこそこ起業」が可能になる空間があちこちに転がっていることに、気づくと思います。

もちろん、ハッキングを実現するためには、既存の市場や産業の仕組みを知り、取引の経路を獲得するための「修業」に相当する期間が必要にはなります。とはいえ、最初から「ハッキング」という目を持っていれば、ある日、自分が身につけたスキルや立場が、「そこそこ起業」のツールや機会に化けます。そう考えれば、憂鬱な社会人生活も、常に「気楽に生きる夢」を獲得するための場として、前向きに取り組めるのではないでしょうか？

ライフスタイル起業を、始めてみよう

「とりあえず、宅建の資格取るために勉強を始めました」

さて、年が明けて件の学生と再会するとそんなことを言い始めました。

「なんや、不動産投資でも始めるつもりか？　でかい初期投資が必要だから、学生じゃ難しいぞ」

いや、そんなことではなくて……と言いながら、彼はバッグから古物商の資格取得のための本を取り出し、「そこそこ起業の沖縄のゲイタウンの話を読んでいるうちに思いついたんですけど」と、なかなか面白いアイディアを話し始めました。

「僕の実家は小樽で、観光客はめっちゃ集まっているんですけど、街自体は高齢化が進んでいて、この先、空き家がいっぱい出てくるんですよ。それを民泊にすればそれなりに商売になるはずなんですよね。でも、そういう民家って安くて誰も売らないので、不動産情報にあまり出てこないんですよ。だからまず、遺品整理ビジネスからスタートして稼ぎつつ、古民家を相続する人と関係を作って最終的に買い取って民泊としてリフォームしていくことを考えてまして。遺品整理ビジネスについては、正月に地元の友達と話をしていたら、結構アテがあることがわかりまして、じゃあ一緒にやろうかって話になっています」

「お、面白いところに目をつけたな」

私は彼を褒めつつ自分のスマホを操作して、常日頃チェックしている不動産会社のWebページを見せました。

「北海道の古民家は私も目をつけていて、この前、道内の格安物件を大量に扱っているサイトを発見したんだ。私もちょうど、ライフスタイル企業家のフィールドワークを兼ねて1軒買うかと考えていたんだけど、観光地へのアクセスとホテルの数を考えて候補に入れていたのが小樽なんだ」

このWebサイトは少し調べたら出てくるので彼の情報収集能力にはまだ問題があると思いますが、自分の持つスキル＝学力と地元の人脈を活用した良い「ハッキング」戦略であると思いました。東京都立大学の学生が真面目に勉強すれば半年ほどで宅建の資格を取ってしまうでしょう。

「東京で大学教員やりながら北海道で民泊ビジネスやろうとしたらネックになるのが

施設の管理でな。お前がうまく、そのビジネスを立ち上げたら、管理を委託するから頑張ろうぜ」

そんなことを話しながら、その日のゼミは購入すべき物件の立地と、民泊として利用する場合の収益とコストに関するディスカッションとなりました。

彼は「会社に就職したくない」、「気楽に生活したい」という動機で、私に相談に来ました。

良識的な大人の方なら、そんな若者に出会ったら説教の一つもしたくなるでしょう。しかし、企業家研究の専門家として20年以上も研究を続けて、結果として出来上がったのは「大学」という組織に所属せねば飯を食えない私という、笑うに笑えない状態です。大学に、あるいは私の身の上に思わぬことが起きて今の職を失ってしまうと、路頭に迷うことは確実です。幼少期に祖父や父から、「どこでも生きていける力」が必要なのだと教わりながら、こんなことになってしまった私と比べたら、最初から「会社に勤めるのが嫌だから、社長になる！」と学生時代に決意し、行動を始めた彼のほうがよっぽど優秀なのではないでしょうか。

とはいえ、私もまだ手遅れじゃないと考えています。

第7章で屋台が人を支配から解放すると紹介したように、「そこそこ起業」には人々を危機から救う力があります。それこそ多趣味を活かして「楽園を作る」ことも、経営学者として活動していく中で獲得した知識や経験、立場を利用して「市場をハッキングする」方法を見つけることもできるでしょう。

いつか、「そこそこ起業」を実現した私が、読者の皆様と出会える日を目指して、ひとまず大学以外の「生きていける場所」を作っていきたいと思います。

初出
集英社ノンフィクション編集部公式サイト
「よみタイ」（2022年3月～2023年4月）
単行本化にあたり、加筆修正を行いました。
「第12章　小説紹介を生業にするもう一つの冴えたやり方」「おわりに」のみ書き下ろしです。

高橋勅徳（たかはし・みさのり）

1974年生まれ。東京都立大学大学院経営学研究科准教授。専攻は企業家研究、ソーシャル・イノベーション論。神戸大学大学院経営学研究科博士課程後期課程修了。博士（経営学）。沖縄大学法経学部専任講師、滋賀大学経済学部准教授、首都大学東京大学院社会科学研究科准教授を経て現職。著書に『婚活戦略』『アナーキー経営学』、共著に『制度的企業家』『ソーシャル・イノベーションを理論化する』『婚活との付き合いかた』など。

ブックデザイン　今井秀之
イラスト　徳丸ゆう

なぜあの人は好きなことだけやって
年収1000万円なのか?
異端の経営学者と学ぶ「そこそこ起業」

2024年7月31日　第1刷発行

著　者　高橋勅徳
発行者　樋口尚也
発行所　株式会社集英社
東京都千代田区一ツ橋2-5-10　〒101-8050
電話　編集部 03-3230-6143
読者係 03-3230-6080
販売部 03-3230-6393（書店専用）
印刷所　TOPPAN株式会社
製本所　ナショナル製本協同組合

ISBN978-4-08-788106-6 C0036